ଅଷ୍ଟପଦୀ

ଅଷ୍ଟପଦୀ

ସୀତାକାନ୍ତ ମହାପାତ୍ର

ବ୍ଲାକ୍ ଈଗଲ୍ ବୁକ୍ସ
ଭୁବନେଶ୍ୱର, ଓଡ଼ିଶା

BLACK EAGLE BOOKS
Dublin, USA

ଅଷ୍ଟପଦୀ / ସୀତାକାନ୍ତ ମହାପାତ୍ର

ବ୍ଲାକ୍ ଈଗଲ୍ ବୁକ୍ସ : ଭୁବନେଶ୍ୱର, ଓଡ଼ିଶା • ଡବଲିନ୍, ଯୁକ୍ତରାଷ୍ଟ୍ର ଆମେରିକା

BLACK EAGLE BOOKS

USA address:
7464 Wisdom Lane
Dublin, OH 43016

India address:
E/312, Trident Galaxy, Kalinga Nagar,
Bhubaneswar-751003, Odisha, India

E-mail: info@blackeaglebooks.org
Website: www.blackeaglebooks.org

First International Edition Published by
BLACK EAGLE BOOKS, 2022

ASTAPADI
by **Sitakant Mahapatra**

Copyright © **Sitakant Mahapatra**

All rights reserved. No part of this publication may be reproduced, stored in a retrieval system, or transmitted, in any form or by any means, electronic, mechanical, photocopying, recording or otherwise without the prior permission of the publisher.

Cover & Interior Design: Ezy's Publication

ISBN- 978-1-64560-336-8 (Paperback)

Printed in the United States of America

"ବୋଉ ଓ ବାପାଙ୍କୁ"

ସୂଚିପତ୍ର

ମୃତ୍ୟୁ-ନାଚ	୧୭
ସ୍ତନଂଧୟର ଉପକଥା	୨୭
ମାଟି ଓ ମଣିଷ	୩୯
ତ୍ରିଶଂକୁର ମଧ୍ୟସ୍ୱର୍ଗ	୪୧
ମରୁପଥର ସ୍ୱରଲିପି	୯୫
ରକ୍ତନଦୀ ସଂତରଣ ପରେ	୧୧୯
କୁବୁଜା ପାଇଁ ଗୋଟିଏ ସଂଗୀତ	୧୨୯
ସୋଲୋନ୍	୧୩୭

ଭୂମିକା

'ଅଷ୍ଟପଦୀ' ସୀତାକାଂତଂକର ଦ୍ୱିତୀୟ କବିତା-ଗ୍ରଂଥ। ପୂର୍ବରୁ 'ଦୀପ୍ତି ଓ ଦ୍ୟୁତି'ରେ ତାଂକର ଅନେକଗୁଡ଼ିଏ କ୍ଷୁଦ୍ର କବିତା ଏକତ୍ରିତ ହୋଇ ପ୍ରକାଶ ପାଇଥିଲା। 'ଅଷ୍ଟପଦୀ'ର କବିତାଗୁଡ଼ିକ ଦୀର୍ଘ ଓ କେତେକ ପରିମାଣରେ ପରୀକ୍ଷାମୂଳକ। ସୀତାକାଂତଂକର କାବ୍ୟ-ଜୀବନ ଖୁବ୍ ବେଶି ଦିନର ନୁହେଁ। ଗତ ପାଂଚ ବର୍ଷ ଧରି ଓଡ଼ିଆ ପାଠକମାନେ କ୍ରମଶଃ ତାଂକ ସଂପର୍କରେ ସଚେତନ ହେଉଛଂତି ଓ ଆଜି ଓଡ଼ିଶାର କାବ୍ୟ-ରସିକ-ବିଦଗ୍ଧ ପାଠକ କେତେକ ଅତି ଉତ୍କୃଷ୍ଟ ବୁଦ୍ଧି ଓ ଅନୁଭୂତି-ଦୀପ୍ତ କବିତା ପାଇଁ ତାଂକ ନିକଟରେ ଋଣୀ। ଦଶ ବର୍ଷ ତଳେ 'ନୂତନ କବିତା' ଓଡ଼ିଆ ସାହିତ୍ୟରେ ଏହି ଚେତନା ପ୍ରସାରିତ ଓ ପୁଷ୍ଟ ହୋଇଛି। 'ଦୀପ୍ତି ଓ ଦ୍ୟୁତି'ର କବିତାଗୁଡ଼ିକ ଜୀବନପ୍ରତି ଏକ ନିର୍ଦ୍ଦିଷ୍ଟ କାବ୍ୟ-ପ୍ରତିକ୍ରିୟାରୁ ଉଦ୍ଭବ ଓ ସେହି ଦୃଷ୍ଟିରୁ ସେଗୁଡ଼ିକ ପରସ୍ପର ସହିତ ସଂପର୍କିତ। 'ଅଷ୍ଟପଦୀ'ର ମୂଳରେ ସେହି ଏକା କାବ୍ୟ-ପ୍ରତିକ୍ରିୟା ଲକ୍ଷଣୀୟ, କିନ୍ତୁ ଏଠାରେ କବିତାଗୁଡ଼ିକ ଅଧିକତର ସଂଗଠିତ ଓ ପରସ୍ପର ସହିତ ଘନିଷ୍ଠ ସଂପର୍କଯୁକ୍ତ। 'ଅଷ୍ଟପଦୀ'ର ଆଠଟି କବିତାକୁ ଗୋଟିଏ ମୂଳକଥା ବା ଥିମ୍‌ର ବିଭିନ୍ନ ପ୍ରକାଶ ଭାବରେ ଗ୍ରହଣ କରାଯାଇପାରେ। ବିଭିନ୍ନ ବାହ୍ୟ ସଜ୍ଜା ଓ ବିକ୍ଷିପ୍ତ ଚିଂତାର ଅଂତରାଳରୁ ଏହି ଥିମ୍‌ର ଦୃଢ଼ତା ଖୁବ୍ ଗୁରୁତ୍ୱପୂର୍ଣ୍ଣ। 'ଅଷ୍ଟପଦୀ', 'ଦୀପ୍ତି ଓ ଦ୍ୟୁତି'ଠାରୁ ଅଧିକତର ସଚେତ ଓ ବୁଦ୍ଧିଦୀପ୍ତ, ରଚନା ଓ ବିଶେଷକରି ଥିମ୍‌ର ଘନିଷ୍ଠତା ଓ ପ୍ରକାଶ-ଭଂଗୀରେ 'ଅଷ୍ଟପଦୀ'ର ଆଧୁନିକ ଚେତନା ଅଂତର୍ନିହିତ।

ପ୍ରଥମ କବିତା 'ମୃତ୍ୟୁନାଚ' ନରକର ଚିତ୍ର। ଏହି ନରକର ବିପୁଳ, ଭୟଂକର ଅଗ୍ନିରେ ମାନବ ଓ ମାନବର ସଂସାର ଦଗ୍ଧ ଓ ଭସ୍ମୀଭୂତ ("ସେହି ନିଆଁ କରେଇରେ ଭାଜିଭୁଜି / ସଂତୁଳିସାଂତୁଳି ହେଲା / କଡ଼ କଡ଼ ଚଡ଼ ଚଡ଼ ଶବ୍ଦ କରି / ଗଛ, ବୃଛ, ମାଟି, ମନ, ଖାଲ, ବଣ, ବିଲ")।

ବୋଧହୁଏ କେବଳ ପରଂପରାଗତ ଦାନ ଦ୍ୱାରା ଏହି ରୌରବରୁ ଉଦ୍ଧାରର ଉପାୟ ଥାଇ ପାରେ, ତେଣୁ-

"ହେ ବ୍ରାହ୍ମଣ ଏଇ ନିଅ, ଦାନ ନିଅ
ନିଅ ନିଅ ଆମ ଦଶ ଦାନ,
ଆଗେ ଜଳେ ଲେଲିହାନ ଅଗ୍ନିଶିଖା ତପ୍ତ-ବୈତରଣୀ
ମୁକ୍ତି ମାଗେ, ଶକ୍ତି ମାଗେ, ଛାୟା ମାଗେ, ସ୍ୱପ୍ନ ମାଗେ
ଅଭିଶପ୍ତ ସବୁ ଯଦୁ, ଅଭିଶପ୍ତ ମାନୀ ଦୁର୍ଯ୍ୟୋଧନ।"

କିନ୍ତୁ ଏ ବୃଥା ଆଶା, ନିଷ୍କରୁଣ ଅଗ୍ନିର ମୃତ୍ୟୁ ନାଚରୁ ଅଭିଶପ୍ତ ମାନବ ଆତ୍ମାର ଉଦ୍ଧାର ନାହିଁ। ଏ ମହାକାଳର ଅଗ୍ନି ଓ ଏହି ଅଗ୍ନିରେ ସମସ୍ତେ ଦଗ୍‌ଧ।

"ସବୁ ଯାଏ ଜଳି ପୋଡ଼ି ମନ ଓ ଇନ୍ଦ୍ରିୟ
ଜଳିଯାଏ ଅନୁଭୂତି, ସକଳ ଭାବନା
ସବୁ ସଂଭାବନା ଆହା
ସବୁ ସ୍ୱପ୍ନ, ସବୁ ଆଶ୍ୱାସନା,
ଦାଉ ଦାଉ ଧପ ଧପ ଆକାଶକୁ କୁଦାମାରେ ନିଆଁ
ଲହ ଲହ ରକ୍ତଜିହ୍ୱ, ଆକାଶ ପୃଥିବୀ ଭରେ
ସ୍ଫୁଲିଂଗ ଓ ଧୂଆଁ।"

'ସ୍ତନଂଧୟର ଉପକଥା'ରେ ବି ଅଗ୍ନିର ମୃତ୍ୟୁ-ଲୀଳାରେ, ("ନୀଳ ଆକାଶ ଓ ମେଘ ସବୁ ଗଲା ଅଚାନକ ଜଳି / ଖେଳ, ସ୍ମିତ, ସ୍ୱପ୍ନ ସବୁ ଅପଘାତେ ମରିଗଲା / ଆକାଶେ ଉଠିଲା ଜଳି ଅଗ୍ନିର କୁଂଡ଼ଳୀ") ମାନବ ଆତ୍ମା ଭୀତ ତ୍ରସ୍ତ ("ସମସ୍ତ ଗୋବିଂଦ ସୁତେ, ଯଦୁ ପୁଏ / ଭୀତ ତ୍ରସ୍ତ ଶୁଣି ସେହି ବ୍ରଜନାଦ / ଦେଖି ସେହି ଲୌହର ମୂଷଳ / ଭୟରେ ବୁଜିଲୁ ଆଖି ଦେଖି / ସେହି ଜ୍ୱଳମାନ, କର୍କଶ ଓ ପିଂଗଳ ପିଚ୍ଛିଳ") ଓ ଏକ ଘୋର ହତାଶାରେ ମ୍ରିୟମାଣ।

"ତେଣୁ ସେ ବ୍ୟଥିତ ଯାତ୍ରା
ହାତେ ଧରି ଅସିବର, ଓଦା ଓ ମୁଦ୍‌ଗର,
ତେଣୁ ସେ ଲୋତକାପ୍ଲୁତ ଆଶ୍ରାହୀନ ପିପୀଲିକା-ସ୍ରୋତ ଗଡ଼ି ଚାଲେ..."

କବିତାର ମୂଳ ସୂଚନା ଏଠାରେ ଯଦୁକୁଳ-ଧ୍ୱଂସ ଉପାଖ୍ୟାନରୁ ଗୃହୀତ। କିଂତୁ ଯାହା ପୁରାଣରେ ଘଟିଥିଲା ତାହା ବର୍ତ୍ତମାନକାଳରେ ଘଟିପାରେ ଓ ଘଟୁଛି, ଓ

ଅଭିଶପ୍ତ ମାନବ ଚେତନାର ଯନ୍ତ୍ରଣା ସମୟକ୍ରମେ ପ୍ରସାରିତ ଓ ବ୍ୟାପ୍ତ ହୋଇଛି। ତେଣୁ କବିତା ଆରଂଭରର ବିସ୍ତାରିତ ସୂଚନା (ନୂଆଖାଲି ? ହିରୋସୀମା ? ପିଂଡ଼ାରକ ? ଦ୍ୱାରକା ? ପ୍ରଭାସ ? / କୌଣସିଟା ହୋଇପାରେ...") ପୁଣି ଥରେ କବିତା ଶେଷରେ ସ୍ପଷ୍ଟ କରି ଦିଆଯାଇଛି। ("ଇଏ କେଉଁ ସହରର କେଉଁ ରସ୍ତା, କେଉଁ ଗାଆଁ ଦାଂଡ଼, / ନୂଆଖାଲି ? ହିରୋସୀମା ? ପିଂଡ଼ାରକ ? ଦ୍ୱାରକା ? ପ୍ରଭାସ ?") ତୃତୀୟ କବିତା 'ମାଟି ଓ ମଣିଷ'ରେ କି ସଂଦେହ, ହତାଶା, ଯନ୍ତ୍ରଣା ଓ ମୃତ୍ୟୁର ପରିବେଶ ! "ଏହି ମହା ଶୋଭାଯାତ୍ରା, ଏଇ ଯେଉଁ ଛାଇର ଗହଳ, / ହୃଦୟରେ ଖାଲି ମୋର କଂଟାବୁଦା, ଧସା ବାଲି/ ନାଗଫେଣି, ମରୁଭୂମି, ଟୋପେ ନାହିଁ ଜଳ; / ବଉଦର ଶବାଧାର ଆକାଶରେ / ଏ ଆକାଶ ରୁଗ୍‌ଣ ଓ ମହଳ,") ବସୁଦେବ ଓ ଦେବକୀ କଂସର କାରାଗାରରେ ବଂଦୀ ଓ ନିର୍ଯ୍ୟାତିତ। ସେମାନଙ୍କର ଜୀବନ ଆଶାହୀନ ଓ ଅସଫଳ ଓ ବିଶେଷକରି ବସୁଦେବ ଅହରହ ମୃତ୍ୟୁ ଚିଂତାରେ ପୀଡ଼ିତ। ବସୁଦେବର ଦୁଃସ୍ୱପ୍ନର ବର୍ଣ୍ଣନାରେ କବିତାର ମୂଳକଥା ସ୍ପଷ୍ଟ ଭାବରେ ସୂଚିତ ଓ ପ୍ରତିଷ୍ଠିତ। ଏହାହିଁ ମୃତ୍ୟୁ ଓ ପରିବେଶର ବର୍ଣ୍ଣନା।

"ମୁଁ ଦେଖୁଛି ସ୍ୱପ୍ନ ଖାଲି ରାତି ପରେ ରାତି,
ସାତରାତି ଭୟଂକର ସ୍ୱପ୍ନ
ପ୍ରେତାତ୍ମାର ଶୋଭାଯାତ୍ରା ଏ ଆଖିରୁ କିଳିଦେଇ
ପୁଣି ମୁଁ ଥରୁଛି ଭୟେ, କୋକୁଆଭୟରେ।
ଭୟଂକର ସ୍ୱପ୍ନ ସବୁ; ମୋ ସ୍ଥିତିରେ ମୂଳଦୁଆ ଥରେ
ଭୁଷୁଡ଼ିପଡ଼ିବ ଲାଗେ ଥରି ଥରି କେଉଁ ମୁହୂର୍ତ୍ତରେ।"

ପରବର୍ତ୍ତୀ କବିତା 'ତ୍ରିଶଂକୁର ମଧ୍ୟସ୍ୱର୍ଗ'ରେ ସେହିପରି ମୃତ୍ୟୁ ଓ ମୃତ୍ୟୁର ଭୟ, ଜୀବନର ଅନିଶ୍ଚିତତା ଓ ମାନବ ବ୍ୟକ୍ତିତ୍ୱ ଓ ମୂଲ୍ୟବୋଧର ଅଭକ୍ଷୟ ଓ ସେ ନିଜେ ନିଃସଂଗତା ଓ ଧ୍ୱଂସର ଅନୁଭୂତିରେ ପୀଡ଼ିତ।

"ପଛରେ ଧ୍ୱସ୍ତ ଦ୍ୱାରକା ସମୁଦ୍ରର ଉଜାଣି ଜୁଆରେ,
ଏରକ୍‌କାର ବନେ ଯେତେ କଂଦଳ ଓ ଭାଇ ପୁତ୍ର
ମାତା ଓ ମାତୁଳ ନଷ୍ଟ, ଯେତେ କ୍ଷୟ କ୍ଷତି,
ନିଃସଙ୍ଗ ପୃଥିବୀ ଆଉ ସାଥିହୀନ ମୁଁ ସଂତପ୍ତ,
ମାଡ଼ିଆସେ କାଳ ଅମା ରାତି,"

ନାୟକ ସଂଦେହ, ହତାଶା ଓ ବିଭସତାରେ ବଂଦୀ ଓ ଆଶା ତା ପାଇଁ କେବଳ ବିଭ୍ରାଂତି ।

"ମୋତେ ଚଉପାଶେ ଘେରି
ମହାକାୟ, ବିକୃତ, ବିଭସ
....
ନାମହୀନ ବସ୍ତୁର ସମୁଦ୍ର ଆଉ ଘୂର୍ଣ ବୁକେ
ଶେଷ ଆଜି ଜୀବନର ଯାତ୍ରାପଥ
ଓ ଆରଂଭ ବିସ୍ମୃତିର, ମୁଁ ମନୁର ବଂଶ ।"

'ମରୁପଥର ସ୍ୱରଲିପି'ରେ କବିଂକର ବ୍ୟକ୍ତିଗତ ଜୀବନର ଚିତ୍ର ଅନ୍ୟାନ୍ୟ କବିତାଠାରୁ ଅଧିକତର ସ୍ପଷ୍ଟ ଓ ସେହି ଦୃଷ୍ଟିରୁ ଏହାକୁ ହୁଏତ ଆତ୍ମଜୀବନୀମୂଳକ କୁହାଯାଇପାରେ । କିଂତୁ ଅନ୍ୟାନ୍ୟ କବିତା ପରି ଏଠାରେ ବି ନିଃସଂଗତା, ନିରାଶା ଓ ମୃତ୍ୟୁର-ସାମୀପ୍ୟ ଅନୁଭବ ଲକ୍ଷଣୀୟ । ଜୀବନର ଯନ୍ତ୍ରଣା ଓ ଜଂଜାଳ ମଧ୍ୟଦେଇ ଆତ୍ମାର ଯାତ୍ରା କବିତାର ମୂଳକଥା, କିଂତୁ ଯାତ୍ରାର ପରିଣତି ଯେ ଆନଂଦଦାୟକ ତା ନୁହେଁ । ପରିଣତିରେ ବି ସମାନ ଯନ୍ତ୍ରଣା ଓ ଜଂଜାଳ ଜଡ଼ିତ । କିଛି କିଛି ଆଶାର ସୂଚନା ଏଠି ସେଠି ଥିଲେ ବି ମୃତ୍ୟୁ ଓ କ୍ଷତିର ଚେତନା ଏଠାରେ ମୁଖ୍ୟ ।

"ଆଜି ଖାଲି ନିର୍ବିକଳ୍ପ ସମାଧିରେ ଚେଁ ଚାଁ ଅତୃପ୍ତିର ପ୍ରେତ,
ଆଜି ଖାଲି ଶୂନ୍ୟତାର ଜଂଗଲରେ ବିକଟ ଭୀତିର ପେଚା
ଭୟଂକର ଚେତନାରେ ମଗ୍ନ ବୋଧିସତ୍ତ୍ୱ ।"

ଓ ପୁଣି,

"ଆଜି ହାୟ ସମୁଦ୍ରର ସତ୍ତା ନାହିଁ
ଚଉଦିଗେ ବାଲି ଆଉ ବାଲି,
ଘନ କୁହୁଡ଼ି ଅଂଧାର, କଂଟାବୁଦା,
ସମସ୍ତ ଯାତ୍ରାର ଶେଷ ଆପଣା ସ୍ଥିତିରେ
ସବୁ ଗତିପଥ ମିଶେ କେନ୍ଦ୍ରବିନ୍ଦୁ ନିଜ ଶୂନ୍ୟତାରେ ।"

'ରକ୍ତନଦୀ ସଂତରଣ ପରେ' ରେ ପୁରାଣର ଗଢ଼ଣ । ପୂର୍ବର ବସୁଦେବ ପରି ଏଠାରେ ବି ଦୁର୍ଯ୍ୟୋଧନର ଅଭିଜ୍ଞତା ସହିତ କବିଂକର ନିଜ ଅନୁଭବ ଜଡ଼ିତ । ଦୁର୍ଯ୍ୟୋଧନ ପାଇଁ ଅତୀତ ମୃତ, ବର୍ତ୍ତମାନ ବିପର୍ଯ୍ୟସ୍ତ ଓ ଭବିଷ୍ୟତ୍ ଘୋର ହତାଶା ଓ ନିରାଶାରେ ପୂର୍ଣ୍ଣ । ସେ ବର୍ତ୍ତମାନର ନର୍କରେ ବଂଦୀ ଓ ତା ଚାରିପାଖରେ ନରକର

ରକ୍ଷକ ("ରଂଗବସ୍ତ୍ର ପରିଧାନ, ଗଳେ ଶୋହେ ମୁଂଡ଼, ହାଡ଼ମାଳା / ବିକଟ ଯେ ରଟମଟ ଦାଂତପାଟି, ଗଂଡ଼ସ୍ଥଳୀ ରକତରେ ବୋଳା"), ଓ ମହାପ୍ରଳୟର ପରିବେଶ ('ଚଂଦ୍ରସୂର୍ଯ୍ୟ ତାରା ଆଉ ନିହାରିକା ସର୍ବେ ଗଲେ ନାଶ, ଅଂଧାର ମହାରଜନୀ ଘୋଟିଗଲା ହାଦେ ଦଶଦିଶ)। ଏହି ଜୀବନ୍ମୃତ ଅବସ୍ଥାରୁ ସେ ଏକମାତ୍ର କେବଳ ଶାରୀରିକ ମୃତ୍ୟୁର ମାଧ୍ୟମରେ ଉଦ୍ଧାର ପାଇପାରେ ଓ ଏହି ଚୂଡ଼ାଂତ ମୁହୂର୍ତ୍ତପାଇଁ ସେ ବ୍ୟାକୁଳ ("ଉରୁଭଗ୍ନ ଲଗ୍ନ ଆଉ ଆଜି କେତେ ଦୂର / କେତେଦୂର ରଜନୀର ଅଂତିମ ପ୍ରହର ?") ବର୍ତ୍ତମାନର ମୃତ ଓ ଜୀବନ୍ମୃତ ଅବସ୍ଥାରୁ ଉଦ୍ଧାର ପାଇବା ପାଇଁ ବ୍ୟାକୁଳତା 'କୁବୁଜା ପାଇଁ ଗୋଟିଏ ସଂଗୀତ'ରେ ଆହୁରି ସ୍ପଷ୍ଟ ହୋଇଛି। ଏଠାରେ ପ୍ରଥମ ଓ ପ୍ରଧାନ ଅନୁଭୂତି ହେଉଛି ମୃତ୍ୟୁ ଓ ମୃତ୍ୟୁ ଯଂତ୍ରଣାର ଅନୁଭୂତି ("ପୂତିଗଂଧମୟ ଏଇ ମଥୁରାର ନରକରେ / ସମସ୍ତ ଯନ୍ତ୍ରଣା ତାପ କ୍ଳେଶ ଅନୁଭୋଗେ," ଓ "ଅଭିଶପ୍ତ ନଗ୍ରଲୋକେ / ଚଂଦନରେ ଅଭିଲିପ୍ତ ସତେ ଅବା ମୃତ ଦେହ, ମୃତ ପ୍ରାଣ / ମୃତ୍ୟୁର ଶୀତଳ ସ୍ପର୍ଶେ ସକଳ ବିଭୋରା,")। ଏହି ଅନୁଭୂତିର ପରିବେଶରେ କୁବୁଜାର ପରିବର୍ତ୍ତନ ହେବା ସଂଗେ ସଂଗେ ନୂତନ ଆଶାର ଉଦୟ ହୋଇଛି ("ତୁିଳେ ପାଦ ଚାପ ମୋର ଚିବୁକ ଦେଲୁ ତୁ ଟେକି / ଉଜ୍ଜୀବିତ ଆଶା, ସ୍ୱପ୍ନ ମାଂସ ଆଉ ପ୍ରାଣର ସରସୀ") ଓ ପରେ ପରେ ନୂତନ ଅନୁଭବ ପ୍ରକାଶ ପାଇଛି-ଅଭିଶପ୍ତ ମଥୁରାର ବଂଦୀତ୍ୱରୁ ମୁକ୍ତିର ପ୍ରାର୍ଥନା।

"ଶେଷ ହେଉ ଧସରର ମୃତ୍ୟୁ ଆଉ ବିଭଂଗ କାଳର,
ଅଂତ ହେଉ, ଅଶ୍ଳୀଳ ଓ କୁତ୍ସିତର ରାଜ ପୂଜା,
ଶୁଖିଲା ଆକାଶେ ଜାଗୁ ମେଘମାଳା, ହାଂଡ଼ିକଳା ଘୁମର ଘୁମର।"

ମୃତ୍ୟୁର ଯନ୍ତ୍ରଣା, ବୀଭତ୍ସତା ଓ ସୀମାବଦ୍ଧତାରୁ ଆତ୍ମାର କାମନା କ୍ରମଶଃ ଜୀବନର ପୂର୍ଣ୍ଣତା, କଲ୍ୟାଣ ଓ ସୌନ୍ଦର୍ଯ୍ୟ ଆଡ଼କୁ ପ୍ରସାରିତ ହୋଇଛି। ଶେଷ କବିତା 'ସୋଲୋନ୍'ରେ ଏହି ନୂତନ ଓ ଦ୍ୱିତୀୟ କାବ୍ୟ ଅନୁଭବ ପ୍ରତିଷ୍ଠିତ ହୋଇଛି କହିଲେ ଚଳେ। ସମୁଦ୍ର ଜୀବନ, ଜୀବନର ବ୍ୟାପକତା ଓ ଗଭୀରତାର ପ୍ରତୀକ। ପୁଣି ସମୁଦ୍ର ମୁକ୍ତିର ମାଧ୍ୟମ। ତେଣୁ ସମୁଦ୍ର ସହିତ ଆତ୍ମାର ସମ୍ପର୍କ ଫଳରେ ଆତ୍ମାପକ୍ଷରେ ଏକ ମୁକ୍ତ, ଐଶ୍ୱର୍ଯ୍ୟ ପରିପୂର୍ଣ୍ଣ ଜୀବନର ସଂଧାନ ପାଇବା ସଂଭବ ହୋଇପାରିଛି। ପୁଣି ସମୁଦ୍ର ସହିତ ଦୀର୍ଘଦିନର ଘନିଷ୍ଠତା ଯୋଗୁଁ ସୋଲେନ୍‌କୁ ଗୋଟାଏ ଦୃଷ୍ଟିରୁ ସମୁଦ୍ରର ଆତ୍ମାଭାବରେ ଗ୍ରହଣ କରାଯାଇପାରେ ଓ ଏହି ଘନିଷ୍ଠତା ଯୋଗୁଁ ସୋଲେନ୍‌ର ନିଃସଂଗତା ଏକ ଅପୂର୍ବ ଐଶ୍ୱର୍ଯ୍ୟ ଓ ସମୃଦ୍ଧିରେ ମଂଡ଼ିତ। ଏହି ନିଃସଂଗତାର ଅତଂରାଳରେ ଜୀବନର ଗଭୀର ଓ ଜଟିଳ କୋଳାହଳ ସ୍ପଂଦିତ। 'ମୃତ୍ୟୁ ନାଚ'ର ଯନ୍ତ୍ରଣା ଓ ମୃତ୍ୟୁ-ଅନୁଭବରୁ

'ସୋଲେନ୍'ର ନିଃସଂଗ ପରିପୂର୍ଣ୍ଣତାର ଜୀବନ ଅନୁଭବ ଦିଗକୁ ଯାତ୍ରା 'ଅଷ୍ଟପଦୀ' କବିତା ଗ୍ରଂଥର ପରିପୂର୍ଣ୍ଣତାର ଜୀବନ ଅନୁଭବ ଦିଗକୁ ଯାତ୍ରା 'ଅଷ୍ଟପଦୀ' କବିତା ଗ୍ରଂଥର ମୂଳକଥା। ମୃତ୍ୟୁ ଓ ଜୀବନର ପାରସ୍ପରିକ ସଂପର୍କ ଓ ଏହି ସଂପର୍କର ଜଟିଳତା 'ଅଷ୍ଟପଦୀ'ରେ ପ୍ରକାଶିତ। ଏହା ହିଁ କବିର ଆଧୁନିକ ଚେତନା ଓ ଆଧୁନିକ ଜୀବନ ପ୍ରତି କବିର ନୈତିକ-ପ୍ରତିକ୍ରିୟା।

ଓଡ଼ିଆ କବିତାରେ ଗୁରୁପ୍ରସାଦ ମହାଂତିଂକ ସହିତ ସୀତାକାଂତଂକୁ ତୁଳନା କରାଯାଇପାରେ। ଉଭୟ ଆଧୁନିକ ଚେତନାର ବାହକ ! ବିଶେଷକରି ଗୁରୁପ୍ରସାଦଂକର 'କାଳପୁରୁଷ'କୁ 'ଅଷ୍ଟପଦୀ'ର ପୂର୍ବସୁରୀ ଭାବରେ ଗ୍ରହଣ କରାଯାଇପାରେ। 'କାଳପୁରୁଷ'ର କାବ୍ୟ-ଗଢ଼ଣରେ ପୁରାଣ ଅଂତର୍ନିହିତ ଓ କବିତାର ଶେଷଆଡ଼କୁ କବିତାର ମୂଳକଥା ଭାଗବତ ସୂଚନାରେ ପ୍ରକାଶିତ।

"ଆହେ ରାଜା ପରୀକ୍ଷିତ, ତକ୍ଷକର ଦଂଶନେ ତୁମର
ଦେହାଂତ ହେଲା ତ ରାଜା ପ୍ରାୟଶ୍ଚିତ ଗୋଟିଏ ପାପର।
କିଂତୁ ମୋର ସମ୍ମୁଖରେ ଏ ବିଚିତ୍ର ଏକପାଦବିଶିଷ୍ଟ ବୃଷଭ
ପୁଣି ଏକ ଭଦ୍ରଲୋକ ଧଳା ଧୋତି ପଂଜାବୀ ଓ ଧଳା ଟୋପି
ଧଳାକାର ବର୍ଣ୍ଣ ପୁଣି ଈଷତ୍ ପିଂଗଳ,
ସୃଷ୍ଟିର ଆଘାତ ଆଉ ବୃଷଭର ଆର୍ତ୍ତାନଦ...
ଏ କାକତୀର୍ଥରେ ରାଜା ଶେଷ କ୍ରିୟା ସମାପ୍ତ ତୁଂଭର।"

('କାଳପୁରୁଷ', ଧାଡ଼ି ୩୩୭-୩୪୩)

ଭାଗବତରେ 'ଭଦ୍ରଲୋକ' ହେଉଛଂତି 'କଳି'। ଅନ୍ୟପକ୍ଷରେ ସେ ଆଧୁନିକ ମାନବର ପ୍ରତିଭୂ। କଳିର ଆଗମନରେ ଧର୍ମରୂପୀ 'ବୃଷଭ'ର ତିନୋଟି ପାଦ ନଷ୍ଟ ହୋଇଛି ଓ ଅବିଶିଷ୍ଟ ଗୋଟିଏ ପାଦ କଳିର ପ୍ରଚଂଡ଼ ଆଘାତରେ ନଷ୍ଟ ହେବା ଉପରେ। 'କାଳପୁରୁଷ'ରେ ଜୀବନ ଓ ମୃତ୍ୟୁର ଅନୁଭବ ସହିତ ପାପ ଓ ପୁଣ୍ୟର ଅନୁଭୂତି ଜଡ଼ିତ। 'ଅଷ୍ଟପଦୀ' ସଂପର୍କରେ ବି ଏହି କଥା କୁହାଯାଇପାରେ। 'ଅଷ୍ଟପଦୀ'ର ବିଭିନ୍ନ କବିତାରେ ନାୟକ ଆଧୁନିକ ନରକର ଅଗ୍ନିରେ ଦଗ୍ଧ। ଏହି ନରକରେ ଜୀବନ ନାହିଁ କି ମୃତ୍ୟୁ ନାହିଁ, ଏକ ଜୀବନ୍ମୃତ ଅବସ୍ଥା, ଯେଉଁଠି ପାପ ପୁଣ୍ୟର ଅନୁଭୂତି ଭ୍ରଷ୍ଟ ଓ ବିପର୍ଯ୍ୟସ୍ତ। କେବଳ ଦେବକୀର ଅଷ୍ଟମ ଗର୍ଭ, ଭୀମର କାଳରଡ଼ି, କୁବୁଜାର ପରିବର୍ତ୍ତନ ବା ସୋଲେନ୍‌ର ସମୁଦ୍ର ସହିତ ଘନିଷ୍ଠ ସମ୍ପର୍କରେ ହୁଏତ ଏହି ନରକରୁ ଉଦ୍ଧାରର ସଂଭାବନା ଅଛି ଓ ଏହି ସଂଭାବନା ହିଁ ସଂତାପିତ ନାୟକର ଜୀବନରେ ଏକମାତ୍ର ଆଶା।

'ଅଷ୍ଟପଦୀ'ରେ ପୁରାଣ ବା ମିଥ୍‌ର ବ୍ୟବହାର ଫଳରେ ଏକ ନିର୍ଦ୍ଦିଷ୍ଟ କାବ୍ୟ-ସମୃଦ୍ଧ ସଂଭବ ହୋଇପାରିଛି। ଓଡ଼ିଆ କବିତାରେ ଏହା ଏକ ପରୀକ୍ଷାମୂଳକ ପ୍ରୟୋଗ, ପୂର୍ବରୁ କେବଳ 'କାଳପୁରୁଷ'ରେ ଏପରି ବ୍ୟବହାରର ପରିଚୟ ଅଛି। କିଂତୁ 'ଅଷ୍ଟପଦୀ'ରେ ଏହି ବ୍ୟବହାର ସ୍ପଷ୍ଟତର ଓ ଗଭୀରତର। ଏହି ପ୍ରସଂଗରେ ହୋମରଂକର ୟୁଲିସିଜ୍‌ର ଭ୍ରମଣ-କାହାଣୀ ସ୍ମରଣ କରାଯାଇପାରେ। ୟୁଲିସିଜ୍‌ର ମୂଳ କାହାଣୀକୁ ବିଭିନ୍ନ ସମୟରେ ଲେଖକମାନେ ନିଜ ନିଜର କାବ୍ୟ-ଆବଶ୍ୟକତା ଦୃଷ୍ଟିରୁ ବିଭିନ୍ନ ଭାବରେ ବ୍ୟବହାର କରିଛଂତି। ଡାଂଟେଂକର 'ନରକ' କାବ୍ୟର ୟୁଲିସିଜ୍ ଉପାଖ୍ୟାନ ସଂପୂର୍ଣ୍ଣ ଭାବରେ ତାଂକର ନିଜସ୍ୱ। ସମୁଦ୍ର-ଭ୍ରମଣ ପରେ ହୋମରଂକର ନାୟକ ଇଥାକାକୁ ଫେରି ସଂସାରୀ ହୋଇଛି। କିଂତୁ ଡାଂଟେଂକର ନାୟକ ନିଜର ଆଶାଂତ ଆତ୍ମାକୁ ଶାଂତ କରିବାପାଇଁ ପୁଣି ସମୁଦ୍ର ଯାତ୍ରା ଆରଂଭ କରିଛି। କ୍ରମେ ପରିଚିତ ସାଗର ଛାଡ଼ି ୟୁଲିସିଜ୍ ଓ ତାର ବଂଧୁମାନେ ଅପରିଚିତ, ଅଜଣା, ଦୂରତମ ସାଗରକୁ ଯାତ୍ରା କରିଛଂତି ଓ ଶେଷକୁ ଯେତେବେଳେ ଉତ୍ତାଳ ତରଂଗର ଅଂତରାଳରୁ 'ପାର୍ଥିବ ସ୍ୱର୍ଗ'ର ଶୈଳ ଶିଖର ସ୍ପଷ୍ଟ ହୋଇ ଉଠିଛି, ସେହି ସମୁଦ୍ରରେ ହିଁ ୟୁଲିସିଜ୍ ଜୀବନର ସମାପ୍ତି ଘଟିଛି। ୟୁଲିସିଜ୍‌ର ଏ ଯାତ୍ରାରେ ତାର ପ୍ରବଳ ଉଚ୍ଚାଭିଳାଷ ସୂଚିତ ଓ ଏହାର ପରିଣତି ହେଉଛି ନରକର ଅଷ୍ଟମ ବୃତ୍ତରେ। ଡାଂଟେଂକର ୟୁଲିସିଜ୍ ଚତୁର୍ଦ୍ଦଶ ଶତାବ୍ଦୀର ପୁରୋଦୃଷ୍ଟ ସଂପନ୍ନ ମାନବିକ ଉଦ୍ୟମ ଓ ଉଚ୍ଚାଶାର ପ୍ରତୀକ। ଠିକ୍ ସେହିପରି କାଜାନ୍ ଜାକିସ୍‌ଂକର ୟୁଲିସିଜ୍ ଆଧୁନିକ ମାନବର ପ୍ରତୀକ। ଆଧୁନିକ ଜୀବନର ହତାଶା ସହିତ ଏହି ପ୍ରଚଂଡ଼, ଉଜ୍ଜ୍ୱଳ ଜୀବନୀଶକ୍ତିର ପରିଚୟ ତାଠାରେ ମିଳେ ଓ ସେ ଉଭୟ ବିପ୍ଳବୀ ଓ ଯୋଗୀ। ଉଭୟ ଦାଂତେ ଓ କାଜାନଜାକିସ୍‌ଂକର ନାୟକ ହୋମରଂକର ସାମାଜିକ ଓ ସ୍ଥିତପ୍ରଜ୍ଞ ନାୟକଠାରୁ ସଂପୂର୍ଣ୍ଣ ଭିନ୍ନ। ପୁଣି ପାଉଂଡ଼ ତାଂକର 'କାଂଟୋ'ରେ ୟୁଲିସିଜ୍ ଟାଇରେସିଆସି ଉପାଖ୍ୟାନ ବ୍ୟବହାର କରିଛଂତି ଓ ଏଲିୟଟ୍‌ଂକର 'ୱେଷ୍ଟଲାଂଡ଼'ରେ ଟାଇରେସିଆସ ପ୍ରଧାନ ବ୍ୟକ୍ତି। ସେ ଯାହା ଦେଖୁଛି ତାହା ହିଁ କବିତାର ସାରାଂଶ ବୋଲି ଏଲିୟଟଂକର ମତ। ୟୁଲିସିଜ୍ କାହାଣୀର ସଫଳତମ ଆଧୁନିକ ବ୍ୟବହାର ବୋଧହୁଏ ଜୟସଂକର ଉପନ୍ୟାସ 'ୟୁଲିସିଜ୍'। ପୁରାତନ କାହାଣୀର ସୂଚନାତ୍ମକ ପରିପ୍ରେକ୍ଷିତରେ 'ୟୁଲିସିଜ୍' ବର୍ତ୍ତମାନ କାଳର ଡବ୍‌ଲିନ୍‌ର ବାସିଂଦା ବ୍ଲୁମ୍‌ର ଆଖ୍ୟାୟିକା। ବିଶେଷକରି ଏଠାରେ ବ୍ଲୁମ୍‌ର ନରକ ଦର୍ଶନ ଲକ୍ଷ୍ୟ କରାଯାଇପାରେ। ଗ୍ଲାସେନ୍‌ଭିନ୍‌ରେ ଏକ ଶବ ଶୋଭାଯାତ୍ରା ଓ ସମାଧିକୁ ଉପଲକ୍ଷ୍ୟ କରି ଏହି ଅନୁଭୂତି ସଂଭବ ହୋଇ ପାରିଛି ଓ ହୋମ୍‌ରଂକର ୟୁଲିସିଜ୍‌ର ନରକ ଦର୍ଶନର ଅଭିଜ୍ଞତା ସହିତ ଏହା ତୁଳନୀୟ। 'ଅଷ୍ଟପଦୀ'ରେ ମିଥ୍‌ର ବ୍ୟବହାର

ଫଳରେ ବ୍ୟାପକ ଓ ପ୍ରସାରିତ କାବ୍ୟ ଅନୁଭୂତି ସଂଭବ ହୋଇଛି ଓ କାବ୍ୟ-ଅଭିଜ୍ଞତା ସୁସଂଗଠିତ ହୋଇ ପାରିଛି । ଜୀବନ-ଅଭିଜ୍ଞତାର ଅଭିବୃଦ୍ଧି ଓ ମୂଲ୍ୟାୟନରେ ସ୍ଥାନ ଓ କାଳର ପ୍ରାର୍ଥକ୍ୟ ନଗଣ୍ୟ ଓ ସେହି ଦୃଷ୍ଟିରୁ 'ଅଷ୍ଟପଦୀ'ର ଆଧୁନିକ ନାୟକର ଜୀବନ-ଅନୁଭୂତି ମହାଭାରତ ଚରିତ୍ର ଜୀବନ-ଅନୁଭୂତିଠାରୁ ବିଶେଷ ଭିନ୍ନ ନୁହେଁ । 'ଅଷ୍ଟପଦୀ'ର କାବ୍ୟ-ଗଢ଼ଣରେ ମିଥ୍ ଏକ ଅପରିହାର୍ଯ୍ୟ ଅଂଶ, ପୁଣି ମିଥ୍‌ର ମାଧ୍ୟମରେ ସମକାଳୀନ ଜୀବନପ୍ରତି କାବ୍ୟ-ଦୃଷ୍ଟି ସ୍ୱଷ୍ଟତର ହୋଇଛି । 'ଅଷ୍ଟପଦୀ'ର କାବ୍ୟ-ସମଗ୍ରତାରେ ମିଥ୍ ଉଭୟ ପ୍ରତୀକ ଓ ପ୍ରତିକଳ୍ପ ।

କବିତାର ଆଲୋଚନା ପ୍ରସଂଗରେ ଅଧ୍ୟାପକ ରାନ୍‌ସମ୍ ହେଗେଲ୍‌ଙ୍କୁ ଅନୁସରଣ କରି 'Concrete Universal' କଥା ବ୍ୟବହାର କରିଛନ୍ତି । ପରେ ଅଧ୍ୟାପକ ଊ୍ୟମସାଟ୍ ଏହି ବିଷୟରେ ବିସ୍ତୃତ ଆଲୋଚନା ବି କରିଛନ୍ତି । କବିତାର ଉତ୍କର୍ଷ କବିତାର ମୂଳକଥା ଓ ପ୍ରକାଶ ପ୍ରଣାଳୀର ପାରସ୍ପରିକ ଜଟିଳ ସଂପର୍କ ଉପରେ ନିର୍ଭର କରେ, ଯାହାକୁ 'Sophistication' ଓ 'Complexity' କୁହାଯାଏ । ଏହି ଉଭୟ ଗୁଣ ଯେ କୌଣସି ଭଲ କବିତାରେ ଅଂତର୍ନିହିତ । ପୁଣି ପ୍ରତିକଳ୍ପର ନିର୍ଦ୍ଦିଷ୍ଟତା ସହିତ ପ୍ରତୀକର ସମଗ୍ରତା ଉନ୍ନତ କଳା-ସୃଷ୍ଟିରେ ଅପରିହାର୍ଯ୍ୟ । ଊ୍ୟମସାଟ୍‌ଙ୍କ ଭାଷାରେ, "If a work of literature is not in a simple sense either more individual or more universal than other kinds of writing, it may yet be such an individual or such a complex of meaning that it has a special relation to the world of universals." 'ଅଷ୍ଟପଦୀ' ଉନ୍ନତ କଳା-ସୃଷ୍ଟି । ଏହାର ବିଶିଷ୍ଟ ଗୁଣ କବିଂକର ନିର୍ଦ୍ଦିଷ୍ଟ ବ୍ୟକ୍ତିଗତ ଅନୁଭୂତି ସହିତ ମିଥ୍ ଓ ଆର୍କିଟାଇପ୍‌ର ସମଗ୍ର ସାଧାରଣତାର ମିଳନ ଫଳରେ ସଂଭବ ହୋଇପାରିଛି । ବିଶ୍ୱାସ, 'ଅଷ୍ଟପଦୀ' ପ୍ରକାଶ ଫଳରେ ଓଡ଼ିଆ କବିତାରେ ବୁଦ୍ଧିଦୀପ୍ତ ନୂତନ ଚେତନା ଅଧିକତର ପୁଷ୍ଟ ଓ ସମୃଦ୍ଧ ହେବ ।

ଯତୀଂଦ୍ର ମୋହନ ମହାଂତି

ଭୁବନେଶ୍ୱର

ମୃତ୍ୟୁ-ନାଚ

ମୃତ୍ୟୁ-ନାଚ

(ଏକ)

ଉପରେ ତୃଷାର୍ତ୍ତ ଏକ ଅନନ୍ତ ମହା ଆକାଶ
(ଯେଉଁ ଅଗ୍ନି କୁଣ୍ଡେ ତୁମେ ଢାଳିଥିଲ
ହେ ମହାପ୍ରୁ, ମହାଭାଗ
ଆଲୋକର ସ୍ଥବ, ସ୍ଥୂଚ ନେଇ
ଅଗଣନ ତାରା ପୁଂଜ, ନୀହାରିକା, ଗ୍ରହ, ଧୂମକେତୁ)
ଆଉ ତା'ର ଧୂମାୟିତ ଛାଇ ତଳେ ଫିଟା ମାଟି
ଆଁ କରି ଖଣ୍ଡ ଖଣ୍ଡ, ଚିରୁଲା ଚିରୁଲା
ଯା' ଉପରେ ଲମ୍ବା ଲମ୍ବା ପାହୁଣ୍ଡ ପକାଇ ଯାଏ
ଦୂରନ୍ତ ଖର ବୈଶାଖ, ଅଗ୍ନିକ୍ଷରା ଲଗ୍ନ
ଅନନ୍ତ ତୃଷାରେ ଜଳେ ମାଟି, ବିଲ
ଆମ ମନ ହୃଦୟର ଝିଲ
ଅସରନ୍ତି ଜ୍ୱଳନର ମହାଦ୍ୟୁତି-ମଗ୍ନ ॥

ଗଛରୁ ଶୋଷିଛି ରସ, ଘାସରୁ ସାବ୍‌ଜା
ବଉଦରୁ ପାଣିତକ ଶୋଷି ନେଇ
ଶୋଷି ନେଇ ହୃଦୟରୁ ସଂଭାବନା, ସ୍ୱପ୍ନ ଓ ଆବେଗ
ଖଂଡ଼ିଆ ଭୂତ ବୁଲେଇ, ଧୂଳି ଝଡ଼େ ଆଖି ପୋତି
ରଡ଼ନିଆଁ, ଦପ୍ ଦପ୍ ନିଆଁ ସବୁ ବାଟଘାଟ ବାନ୍ତି କରି

ଦମ୍ ଦମ୍, ଦୁଲ୍ ଦୁଲ୍ ସକଳ ଧସାଇ ପଶି
ଧାଏଁ ଉଦବେଗ ॥
ସେଇ ନିଆଁ କରେଇରେ ଭାଜି ଭୁଜି
ସନ୍ତୁଳି ସାନ୍ତୁଳି ହେଲା
କଡ଼ କଡ଼, ଚଡ଼ ଚଡ଼ ଶବ୍ଦ କରି
ଗଛ, ବୃଛ, ମାଟି, ମନ, ଖାଲ, ବଣ, ବିଲ
ପାଣି ଶୁଖି, ଠିରିକି ଫାଟି ଗଲାଣି ହୃଦୟର
ବାରମାସୀ ପାଣିଭରା ଝିଲ ॥

ବାହାର ରାସ୍ତାରେ ଥିଲା ଯେତେ ଯେତେ
ଦେହ, ମନ, ଶ୍ୱେତ, କୃଷ୍ଣ ଓ ଈଷତ୍‌ପୀତ
ବାହାର ରାସ୍ତାରେ ଥିଲେ ଯେତେ ଯେତେ ହୃଦୟ ଓ ଆତ୍ମା
ଏବଂ ସେ ସବୁର ପ୍ରଭୁ ଓ ମାଲିକ
ଯାହା ସବୁ ଚାଲିଥିଲେ ଗଡ୍‌ଡାଲିକା
କନ୍‌ଭେଅର ବେଲ୍‌ଟ ଉପରେ ସେ ମୁଦା ବୋତଲ ସବୁ
ହଠାତ୍ ହୋଇଲେ ସ୍ଥିର ସେ ବେଲ୍‌ଟର ମଝି ଦାଣ୍ଡେ
ତାତି ଗଲେ, ନାଲ୍ ହେଲେ ପୁଣି ଫାଟିଗଲେ
ଭାଙ୍ଗିଭୁଙ୍ଗି ଚୂନା ହେଇ, ଚୂରି ହେଇ
ଟିକି ଟିକି ଧୂଳି ପାଲଟିଲେ;
ଡିବି ଡିବି ମହାକାଳ ଡମ୍ବରୁ ଉଠିଲା ବାଜି
ସମୁଦ୍ର ପାହାଡ଼ ଯେତେ ନିଆଁ ଗଳଗାଜି
ହାତ ଧରାଧରି ହେଇ ବୃତ୍ତ ରଚି ସେ ଧୂଳିଙ୍କ ସାଥେ
ଗୁରୁ ଗମ୍ଭୀର ନିନାଦେ ନୃତ୍ୟ ଆରମ୍ଭିଲେ ॥

(ଦୁଇ)

ଅଗ୍ନିର ତରଙ୍ଗ ନାଚେ ଲୋଳଜିହ୍ୱ
ଆକାଶକୁ ଥରେ ଥରେ ଚାଟିଯାଏ
ଏବଂ ଶୁଭେ "ତ୍ରାହି ତ୍ରାହି" ଆରତ କ୍ରନ୍ଦନ
"ହେ ଦେବତା, ଦିଗପାଳ, ହେ ଦକ୍ଷିଣ-ପୂର୍ବ ଅଧିପତି
ସ୍ଥୂଳକାୟ, ଲମ୍ବୋଦର, ରକ୍ତବର୍ଣ୍ଣ, ଛାଗଳ-ବାହନ

ଶକ୍ତି ଅକ୍ଷସୂତ୍ରାୟୁଧ, ସ୍ୱାହା-ସ୍ୱଧା-ପତି
ଚକ୍ଷୁ, ଭ୍ରୂଲତା ଓ କେଶ ଜଳେ ଯେହ୍ନେ ପିଙ୍ଗଳ ବରଣ
'ତ୍ରାହି ମାଂ ମଧୁସୂଦନ'
'ତ୍ରାହି ମାଂ ମଧୁସୂଦନ ॥'

ହେ ଦକ୍ଷିଣ, ଗାର୍ହପତ୍ୟ, ହେ ଆବହନୀୟ
ହୁଅ ଶାନ୍ତ, ହୁଅ ଶାନ୍ତ, ଆହେ ମାନନୀୟ
ମିଛେ କଲା ନଚିକେତା ତିନିବାର ତୁମ ସଂଦୀପନ
ତୁମରି ରୋଷ କଷାୟ ନେତ୍ର ନେଇ
ପୃଥ୍ୱୀ ଜଳେ
ମନ ଓ ହୃଦୟ ଜଳେ, ଆହେ ଅକୁରଣ
'ତ୍ରାହି ମାଂ ମଧୁସୂଦନ ॥'

ବାନ୍ତି କରି ତୁମେ ସିନା ଫିଙ୍ଗିଦେଲ ସତୀ ସୀତା
ପାରିଲନି ନିଜ ପେଟେ ରଖି

ତମରି ସେ ଲେଲିହାନ ଶିଖା ସିନା
ଦ୍ରୌପଦୀର ରୂପଶିରୀ ଝଲସାଏ
ସେ ରୂପ ଗରିମା ସିନା କାଳବୁକେ
ଶତ ପରାଜୟ ଗ୍ଳାନି ଦେଇଗଲା ଲେଖି;
କିନ୍ତୁ ସେ ଗୌରବ ରୂପ
ଅଗ୍ନିକୁଣ୍ଡ, ତପ୍ତ ତୈଳ, ତପ୍ତ ବୈତରଣୀ
ମୁଁ ଯୁଜେଷ୍ଠି ଦେଖେ ମୋର ଆପଣାର ଭାଇ ସବୁ
ଯନ୍ତ୍ରଣାରେ ବ୍ୟଥିତ ଅସ୍ଥିର
ଡୁବି ଯାଇ ସେ ନିଆଁରେ;
ହେ ଅନଳ ତୁମେ ଆଜି ଆବିର୍ଭୂତ ସେହି ରୂପେ
ଜଳିପୋଡ଼ି ଆମେ ସବୁ
ସ୍ୱୟଂଭୂବ ମନୁ ସୂତେ ହେଲୁ ନାରଖାର ॥”

(ତିନି)

କଳାଘୁମ ଆଦିମ ରାତିର ବଣେ
ମୋ ମନର ନିଭୃତ ଅବଚେତନେ
ଘୋଡ଼ାଟାପୁ, ନିଆଁର ମଶାଲ
ତରବାରି, ବର୍ଚ୍ଛାର ଝଲକ;
ହେ ଅକ୍ରୁର, ହେ ଉଦ୍ଧବ
କିଏ ସେ କୁଆଡ଼େ ଗଲ
          ପିଣ୍ଡାରକ, ପ୍ରଭାସ ବା ବଦରିକା ବନେ
ମଥାରେ କଳସି ରଖି ଜଳଭରା
          ଦୁବଘାସ ସ୍ୱପ୍ନ ନେଇ ମନେ ॥

ସେମାନେ ଆସୁଅଛନ୍ତି
ସେମାନେ ଆସୁଅଛନ୍ତି ଭୟଙ୍କର କଳାମୁଖା ପିନ୍ଧି
ମୃତ୍ୟୁ-ନାଚ ନାଚି ନାଚି
ଧସି ଓ ଧସାଇ ସବୁ, ଠାବେ ଠାବେ ନିଆଁ ଜାଳି ଜାଳି
ସେମାନେ ଆସୁଅଛନ୍ତି ଅଗ୍ନି-ବୀଚି ଚହଲାଇ
ଜଳିଯାଏ ମସ୍କୋ, ରୋମ୍, ହୀରୋସୀମା ଆଉ ନୂଆଖାଲି
କାଠ ଓ ବାଉଁଶ ଜଳେ ଠୋ ଠୋ ଫୁଟେ ସବୁ
ଜଳି ଉଠେ ଲୁହା ଓ ପଥର
ହୋ ହୋ, ଘୋ ଘୋ ଚିତ୍କାର ଓ ମଣିଷର ବିକଳ କ୍ରନ୍ଦନ
ଭୟଙ୍କର ଶବ୍ଦେ ଭରେ ଅଭିଶପ୍ତ ଏରକାର ବନ ॥
ଦରପୋଡ଼ା, ଅଧାଜଳା ତନୁ, ମନ ହୃଦୟର

ଅଙ୍ଗାରିତ ତୂଳି ନେଇ
ଶୁଖିଲା, ସେମେଟା ଯେତେ ଆବେଗ ରଂଗରେ
ଦଗ୍‌ଧୀଭୂତ କଳାକାର
ମୁଁ ଆଙ୍କି ଚାଲିଛି ଖାଲି ଆକାଶର ପୋଡ଼ା ଗାଲେ
ମୃତ-ସ୍ୱପ୍ନ
ଆଗ୍ନେୟ-ସ୍ପନ୍ଦନ ॥

ଆକାଶ ଜଳୁଛି ଖାଲି ନାଲି ଚହ ଚହ
ଆହା ଏଇ ନୀଳିମା ଜଳୁଛି
ଜଳିଯାଏ ରାଶି ରାଶି ବର୍ଷା-ପ୍ରତିଶ୍ରୁତି ଭରା
କଳା-ଘୁମ ବଉଦର ଗଦା
ପାହାଡ଼ ଜଳୁଛି ଏଇ ସଂଧ୍ୟା ମୁଖେ
ଜଳିଯାଏ ରକ୍ତ, ମାଂସ, ହୃଦୟ-ନର୍ମଦା ॥

ସବୁ ଯାଏ ଜଳି ପୋଡ଼ି ମନ ଓ ଇନ୍ଦ୍ରିୟ
ଜିଳିଯାଏ ଅନୁଭୂତି, ସକଳ ଭାବନା
ସବୁ ସଂଭାବନା ଆହା
ସବୁ ସ୍ୱପ୍ନ, ସବୁ ଆଶ୍ୱାସନା ॥

ଦାଉ ଦାଉ ଧପ ଧପ ଆକାଶକୁ କୁଦାମାରେ ନିଆଁ
ଲହ ଲହ ରକ୍ତ ଜିହ୍ୱ, ଆକାଶ ପୃଥିବୀ ଭରେ
ସ୍ଫୁଲିଙ୍ଗ ଓ ଧୂଆଁ।

(ଚାରି)

ଛାଇ ନାହିଁ, ନାଗଫେଣି ଛାଇ ନାହିଁ
ନାଗଫେଣି ସବୁ ଗଲା ଜଳି
ଆକାଶରେ ବଉଦ ବି ଖଣ୍ଡେ ନାହିଁ
ବଉଦର ଆଭାସ ବି ନାହିଁ,
ଚିତ୍ତ ଓ ମାନସ-ସରେ ବୁନ୍ଦାଏ ବି ପାଣି ନାହିଁ
ଧୂ-ଧୂ ଖାଁ ଖାଁ କରେ ଆଜି ବୁନିଆଦି ସବୁଜର ଗଳି ॥

ଆଶା ନାହିଁ, ନାହିଁ ଆଶ୍ୱାସନା
ଦୁବଘାସ ଖିଏ ନାହିଁ-ବଉଦର ସ୍ୱପ୍ନ ନାହିଁ
ନାହିଁ ନାହିଁ ସବୁଜ-ଦ୍ୟୋତନା ॥

ହେ ବ୍ରାହ୍ମଣ ଏଇ ନିଅ, ଦାନ ନିଅ
ନିଅ ନିଅ ଆମ ଦଶ ଦାନ
ଆଗେ ଜଳେ ଲେଲିହାନ ଅଗ୍ନିଶିଖା ତପ୍ତ-ବୈତରଣୀ
ମୁକ୍ତି ମାଗେ, ଶକ୍ତି ମାଗେ, ଛାୟା ମାଗେ, ସ୍ୱପ୍ନ ମାଗେ
ଅଭିଶପ୍ତ ସବୁ ଯଦୁ, ଅଭିଶପ୍ତ ମାନୀ ଦୁର୍ଯ୍ୟୋଧନ ॥
ନିଅ ନିଅ ଅକ୍ଷୌହିଣୀ ଧେନୁ, ବତ୍ସା, ବୃକ୍ଷ, ଗଜ
ଏଇ ନିଅ ବାଟି ବାଟି ପ୍ରଗଣା ଓ ତହସିଲ ସମସ୍ତ ଇଲାକା
ଲକ୍ଷ ଲକ୍ଷ ମାଢ଼ ସୁନା ଯକ୍ଷର ସଂପତ୍ତି
ଯେତେ ବସ୍ତ୍ର, ଲୁହା ଆଉ ଶାଳଗ୍ରାମ
ଯେତେ ତାମ୍ର ଯେତେ ଅନ୍ନ

ରାଶି, ଯବ, ଜଳପାତ୍ର, ଅୟୁତ ବିଂଛଣା
ହେ ଅନଳ, ହେ ଅଶାନ୍ତ,
ଯଦୁ କୁଳେ, ମନୁ ସୁତେ କର ବାରେ ଏତିକି କରୁଣା ॥

ଯେଉଁ ସୂର୍ଯ୍ୟ ନାଚୁଥିଲା ଆମ ଘର
ଖପରଲି ଟାଇଲ୍‌ରେ ପାହାଚେ ପାହାଚେ
ପିଲାଦିନ ସେଇ ସୂର୍ଯ୍ୟ କଥା ଆଜି ପଡ଼େ ମୋର ମନେ
ମୋ ଗାଧୁଆ କୁଣ୍ଡର ସେ ବରକୋଳି ପତ୍ର ଆଉ ଦୁବ ଭରା
ହଳଦିପାଣି ଉପରୁ ଲମ୍ଫ ଦେଇ
ଗୋବର ଲିପା କାନ୍ଥରେ ନାଚୁଥିଲେ ଯେଉଁଦିନ
ଅସୁମାରି ସୂର୍ଯ୍ୟର ଗୋଲକ
ଆଜି ଏ ଆଖିରେ ଖାଲି ବିକୃତ ସ୍ୱରୂପ ତା'ର,
ସୂର୍ଯ୍ୟ ଆଉ ଆକାଶର ମୃତ୍ୟୁ-ନାଚ
(ହାୟ ମୋର ଟାରାଂଟୁଲା ଭାଗ୍ୟେ ଥିଲା !!)
ଶବାଧାର ଆମନ୍ତ୍ରଣ, ମୁଖାଗ୍ନିର ଅନ୍ତିମ ଉବାଚ।

ସ୍ତନନ୍ଧୟର ଉପକଥା

ସ୍ତନନ୍ଧୟର ଉପକଥା

(ଏକ)

ସିଏ କେଉଁ ସହରର ରାସ୍ତା ଅବା କେଉଁ ଗାଆଁ ଦାଣ୍ଡ
ଆଜି ଆଉ ଜାଣି ଲାଭ ନାହିଁ;
ନୂଆଖାଲି ? ହିରୋସୀମା ? ପିଣ୍ଡାରକ ? ଦ୍ୱାରକା ? ପ୍ରଭାସ ?
କୌଣସିଟା ହୋଇପାରେ। ସମସ୍ତ ଠିକଣା ଆଜି (ଭଲ ହେଲା)
ପୋଡ଼ି ଜଳି ହୋଇଛି ପାଉଁଶ ॥

ସେ ଦିନର ସେଇ ଯେଉଁ ଧୁମ୍ ଧାମ୍ ସେଇ ଯେତେ ଖେଳ
ସେଇ ଏକ ପରିଚିତ କୋଳାହଳ, ମଧୁର କାକଳି
ମିଛି ମିଛି ବାହାଘର, କିମୋନୋ ଓ ଚା'ପର୍ବ ଅଭିରୋହ
ମନେ ପଡ଼େ ବୋହୂଚୋରି, ଦୋଳି ଖେଳ ଆଉ ଲୁଚକାଳି
ମାଈ ସଂଜେ ଅସ୍ପଷ୍ଟ ଜହ୍ନ ଆଲୁଏ ଗୋଡ଼ାଗୋଡ଼ି ଦଉଡ଼ା-ଦଉଡ଼ି
ଶାମ୍ପର ସେ ନାରୀ ବେଶ ଲୌହପାତ୍ର ଭରିଣ ଉଦରେ
ମଂଦ ମଂଦ ମଂଦୋଦରୀ ଚାଲି ସତେ ଆହା କି ଅପବାଦରେ !!

ରାଷ୍ଟ୍ରନେତା, ପାତ୍ର, ମନ୍ତ୍ରୀ, ପାରିଷଦବର୍ଗ
କ୍ଷଣକୋପୀ ବିଶ୍ୱାମିତ୍ର, ଭୃଗୁ ଓ ଅଙ୍ଗିରା ଏବଂ ଦୁର୍ବାସା, ନାରଦ
କୁଂଚିତ-ଭ୍ରୁ, ସ୍ୱେଦସ୍ୱିନ୍ନ, ସ୍ମିତହୀନ ମୁଖ
(ନାନା ଜାତି ମୃତ୍ୟୁମୁଖା, କାଚଗୁଲି ଆଖି-ଡୋଳା ଜୀବନ-ବିମୁଖ)

ସବୁ ବେଖାତିର କରି ଫେଁ ଫେଁ ହସି ହସି
ଗଡ଼ି ଗଡ଼ି ହସର ସୁଅରେ
ଆମେ ସବୁ ପଚାରିଲୁ (ଏମିତି ମିଛଟାରେ, ଟିକେ ମଜା କରିବାକୁ)
ନିରୀହ ପ୍ରଶ୍ନଟି, "ହେ ସର୍ବଜ୍ଞ ଋଷିଶ୍ରେଷ୍ଠ, କହ ଭଲା କହ
ଏ ଗର୍ଭରୁ ପୁଅ ହେବ ଅବା ହେବ ଝିଅ" ॥

(ଦୁଇ)

ବାସ୍ ତ ସେତିକି ॥

ଚମକି ଚାହିଁଲେ ଋଷି, ଅଗ୍ନିଶର୍ମା
ହଠାତ୍ ପଡ଼ିଲା ବଜ୍ର, ଥରିଗଲା ଆକାଶ ମେଦିନୀ
ନୀଳ ଆକାଶ ଓ ମେଘ ସବୁ ଗଲା ଅଚାନକ ଜଳି
ଖେଳ, ସ୍ମିତ ସ୍ୱପ୍ନ ସବୁ ଅପଘାତେ ମରିଗଲା
ଆକାଶେ ଉଠିଲା ଜଳି ଅଗ୍ନିର କୁଣ୍ଡଳୀ ॥

ତରବାରି ଝଲସିଲା, ଭୂମିକମ୍ପେ ସାଗର ଫାଟିଲା
କଟା ମୁଣ୍ଡ ସୁଅ ଛୁଟେ ଗାଆଁ-ଦାଣ୍ଡେ ବ୍ୟବହୃତ ପଇଡ଼ର ପରି
ଅନେକ ଯେ ଚିହ୍ନା ମୁଣ୍ଡ (ଚିହ୍ନା ହସ ?)
ବଟିଆ, କୁଶିଆ, ରାମା,
ଚୀନ୍-ଚୁ, ମାତ୍ସୁଦିରା, ଓ୍ୱାସିକ୍ ଓ ମେରୀ ॥

ସମସ୍ତ ଗୋବିନ୍ଦ ସୁତେ, ଯଦୁ ପୁଏ
ଭୀତତ୍ରସ୍ତ ଶୁଣି ସେଇ ବ୍ରଜନାଦ
ଦେଖି ସେହି ଲୌହର ମୂଷଳ
ଭୟରେ ବୁଜିଲୁ ଆଖି ଦେଖି
ସେହି ଜ୍ୱଳମାନ, କର୍କଶ ଓ ପିଂଗଳ, ପିଚ୍ଛିଳ ॥

(ତିନି)

ତା'ପରେ ତ ହସ ନାହିଁ, ସ୍ମିତ ନାହିଁ
ନାହିଁ ଖେଳ, ଦଉଡ଼ାଦଉଡ଼ି
ପାତ୍ର ମନ୍ତ୍ରୀ ସେନାପତି ପାରିଷଦବର୍ଗ
ଆମ ବାପା, ମାଆ, ଭାଇ, କକେଇ, ଭଉଣୀ
ସମସ୍ତେ କୋଡ଼ିଲେ ମୁଣ୍ଡ, କେଶ ଆଉ ସ୍ତମ୍ଭୀଭୂତ
ଉଗ୍ରସେନ ସଭାତଳେ ସବୁ ପ୍ରାଣ ଭୟଭୀତ
ସବୁ ହୃଦ ସଂତପ୍ତ ଓ ଆମ ଲାଗି ରୋଷ-କଷାୟିତ ॥

ଆପଣାର ରୋଷଜାତ, ଦ୍ୱେଷକାତ ସେ ଲୌହ ମୂଷଳ
ସମୁଦ୍ରର ଲୁଣି ପାଣି ଦେଇ ଆଉ ପର୍ବତରେ ଘୋରି ଘୋରି
ଥକା ହେଲା ମଣିଷର ମହା-ଭୀମବଳ
ହାତମୁଠା ବିଣ୍ଡି ହେଲା, କେଶ ପକ୍ୱ, ଗଳିତ ତା' ଚର୍ମ
ଘୋରି ଘୋରି ଘଷି ଘଷି ସମୟ କଳଙ୍କି ହେଲା
ନ ସରେ ସେ ସୀମାହୀନ ଶାପ
ଆଙ୍ଗୁଠି ପଡ଼ିଲା ଛିଡ଼ି, ମୁଖୁ ତା'ର ଝରିପଡ଼େ ଘର୍ମ ॥

ତେଣୁ ସେ ଫିଙ୍ଗିଲା ଜଳେ ଶେଷ ଅଂଶ
ଆପଣାର ଅଭିଶାପ ଅବଶେଷ
ଗଢ଼ିବାକୁ ଜାରାର ନାରାଚ
ମାୟାବୀ, ଛଳ ଛଦ୍ମୀ ଦେବାର ଅପମୃତ୍ୟୁ ଲାଗି
ମଣିଷର ଅପଘାତେ ଦେବତାର କରିବାକୁ ଭାଗୀ ॥

ପାଣିରେ ଭାସିଲା ଯେତେ ଲୌହ ଚୂର୍ଣ
ଇତିହାସ-ସମୟ ଉତ୍‌କୀର୍ଣ୍ଣ
ମଣିଷର ଧ୍ୱଂସପାଇଁ, ଯଦୁକୁଳ ନାଶପାଇଁ
ଜନମିଲା ଏରକାର ବନ ॥

(ଚାରି)

ତେଣୁ ସେ ବ୍ୟଥିତ ଯାତ୍ରା ॥

ଅଦ୍‌ଭୂତେ କମ୍ପିଲା ଯେବେ ଚଉଦିଗ
ନୂଆଖାଲି, ହିରୋସୀମା, ଇଉରୋପ ଓ ଦ୍ୱାରକା ଦେଶ
ସେ କାଳ-ଚକ୍ର ଆଘାତେ, ସେ ତ୍ରିବିଧ ଉତ୍ପାତ ପ୍ରତ୍ୟେକ୍ଷେ
ଆକାଶ ପାତାଳ ଥରେ ଘୋର ନାଦେ, ଭୂମି ଅନ୍ତରୀକ୍ଷେ ॥

ତେଣୁ ସେ ବ୍ୟଥିତ ଯାତ୍ରା
ସ୍ମରି ନିଗମ ବଚନ, ହେବାକୁ ରିଷ୍ଟ ଖଣ୍ଡନ
ମଣିଷର ଅସହାୟ ଶୋଭାଯାତ୍ରା
ଦେଶେ ଦେଶେ ଯାଯାବର, ଆଶ୍ରୟବିହୀନ
କେତେ ସୀମାରେଖା ଡେଇଁ, ଡେଇଁ କେତେ ଆକ୍ଷାଂଶ ଦ୍ରାଘିମା
ଅନେକ ଶତାବ୍ଦୀ ଡେଇଁ, ଦ୍ୱାରକାରୁ ପ୍ରଭାସ ତୀର୍ଥକୁ
ପ୍ରାଚୀ, ସରସ୍ୱତୀ ସ୍ମରି, ଆରାଧନା କରି
ଯେତେ ଦେବତା ଓ ପିତୃଗଣ
ଦାନ କରି ମାଢ଼ ମାଢ଼ ସୁବର୍ଣ୍ଣ ଓ ତିଳ, ବସ୍ତ୍ର, ଅନ୍ନ
ଦାନ କରି କୋଟି କୋଟି ଅଶ୍ୱ ଓ କୁଞ୍ଜର
ଆଉ ସଂଖ୍ୟାହୀନ ରଥ
ବାଟି ବାଟି ଯେତେ ଭୂମି, ସଂଖ୍ୟାହୀନ ଗୋ-ମହୀଷଯୂଥ ॥

ତେଣୁ ସେ ବ୍ୟଥିତ ଯାତ୍ରା
ହାତେ ଧରି ଅସିବର, ଗଦା ଓ ମୁଦ୍‌ଗର
ତେଣୁ ସେ ଲୋତକାପ୍ଲୁତ ଆଶ୍ରାହୀନ ପିପିଲିକା-ସ୍ରୋତ
ଗଡ଼ି ଚାଲେ ଅଙ୍ଗେ ବହି ଧନୁକ ଓ ଭୂଷଣ୍ଡୀ ତୋମର;
ଯେତେ ସାଥୀ, ଯେତେ ସାଂଗ, ବଟିଆ, କୁଶିଆ, ରାମା
ଚୀନ-ଚୁ, ମାତ୍‌ସୁଦିରା, ଓ୍ୱାସିକ୍ ହମିଦ
ସାତ୍ୟକି, ଉଲୁକ, ଶାମ୍ବ, ଶୂରସେନ ଏବଂ ଅନିରୁଦ୍ଧ ॥

(ପାଞ୍ଚ)

ନିବୁଜ ଅନ୍ଧାର ରାତି; ଯଦୁକୁଳ ଧ୍ୱଂସ ହେଲା
ମାଛ ବଜାର ନିଲାମ ପରି ଏଇ ସମୁଦ୍ରର
ଅବିଶ୍ରାନ୍ତ, ଅକ୍ଲାନ୍ତ, ଗର୍ଜନ
ଜୁଆରର ମାଛ ଖାଏ ମଲା ମାଆ ଥନ ଟାଣି
ଉଜୁଡ଼ା ପୃଥିବୀ ଝୁରେ ସବୁ ସେଇ ପିଲାଦିନ
ପିଲା ଖେଳ, ପିଲାକଥା ସମସ୍ତ ଉଚ୍ଛନ୍ନ ॥

ମୁଁ ଖୋଜୁଛି ଖେଳସାଥୀ କାହାରି ବି ଦେଖାନାହିଁ
କେହି ନାହିଁ, କେହି ନାହିଁ
ମାତ୍‌ସୁଦିରା ବାଷ୍ପୀଭୂତ
ବଟିଆର ଛୋଟକାନ ହେଇ ତ ରହିଛି ପଡ଼ି
ଭଗ୍ନସ୍ତୂପ ମସ୍‌ଜିଦ୍‌ର ପାଖେ
ହମିଦହିଁ କଟା ମୁଣ୍ଡ ଶୋଭାପାଏ
ପରିତ୍ୟକ୍ତ ଶିବଲିଙ୍ଗ ଶାଖେ ।

ନିଶୂନ ଖେଳପଡ଼ିଆ, ଶୂନଶାନ ଗାଁଦାଣ୍ଡ
ନୀରବିତ ଗାଆଁ ଚାଟଶାଳୀ
ବଜ୍ରଧ୍ୱସ୍ତ ପୋଡ଼ାଗଛ ବସି ଝୁରେ
ସଂଧ୍ୟାମୁଖେ ପକ୍ଷୀର କାକଳି
ଟିକେ ସୋରଶବ୍‌ଦ ନାହିଁ କିଏ ଗଲା କୁଆଡ଼େ ଉଭେଇ
ପୋଖରୀ ପହଁରା ନାହିଁ, ଲୁଚକାଳି, ବୋହୂଚୋରି ନାହିଁ
କିମୋନା ଓ ଅପେରାର ଅଭିରୋହ କାହିଁ ?

କାହିଁକି ଭାଙ୍ଗିଲ ସତେ ଆମ ଖେଳ
ହେ ମୋ ବାପା, ହେ କକେଇ
ହେ ମଉସା, ହେ ପିଉସା ହେ ମୋ ବଡ଼ ଭାଇ
ସଢ଼େଇଖେଳ ଭାଙ୍ଗିଲ, କଣ୍ଢେଇଖେଳ ଭାଙ୍ଗିଲ
ଭାଙ୍ଗିଦେଲ ମିଛ ବାହାଘର
କାହାର କି ଦୋଷ ସତେ କରିଥିଲି
କେହିତ ନାହାନ୍ତି ଏଠି କାହା ସଙ୍ଗେ ଖେଳିବଇଁ ମୁହିଁ ?

ରାତ୍ରିର ଶେଷ ତାରକା-କହୁଣୀରେ ଭରାଦେଇ
ଛଣରଙ୍ଗ ଆକାଶ ଛାତିରେ
ବିମର୍ଷ ମନରେ ଖୋଜେ ସେମାନଙ୍କୁ ଠିକ୍ ମୋ ପରି
ପ୍ରତିଫଳିତ ସମୟ ଖୋଜେ ତାଙ୍କୁ ଆକାଶ ଅଣ୍ଡାଳି
ଛୁଇଁ ଛୁଇଁ ନିଜ ଦେହ, ମନର ଦେହଳୀ ॥

ବୋକାଳିଆ ଘଣ୍ଟାର ସେ ଜଙ୍କଲଗା ମୁହଁ ଛୁଇଁ
ସେକେଣ୍ଡକଣ୍ଟା ଡେଇଁଛି ଝିଣ୍ଟିକାର ପରି
"ଖେଳଭଙ୍ଗା କର ଜୟ"
କହି ସବୁ କୁହାଢ଼େ ପଳାଇଗଲେ
ନଟିଆ, କୁଣିଆ, ରାମା, ଶାମ୍ଭ ଆଉ ଓ୍ୱାସିକ୍ ଓ ମେରୀ ॥

ଖାଇଗୋଡ଼ାଏ ଏ ଦାଣ୍ଡ ଅଗଣା
ଓ ନୀରବିତ ସହରର ପଥ
ଚୁପ୍‌ଚାପ୍, ଶୁନ୍‌ଶାନ୍, ଖେଳ ଶେଷ
ହସ ନାହିଁ, ହୁମ୍‌ଦାମ୍ କିଛି ନାହିଁ
ପାଲଭୂତ, ଶାମ୍ଭର ସେ ଅଦ୍‌ଭୂତ ନାରୀବେଶ କିଛି ନାହିଁ
ଥଟା, ତାମସା, ଟାପରା, ନିରୀହ ସେ ହସ
ସବୁ ଆଜି ମୃତ ଧୂଳି, ସବୁ ଭଗ୍ନ ବ୍ୟର୍ଥ-ମନୋରଥ ॥

ଇଏ କେଉଁ ସହରର କେଉଁ ରାସ୍ତା, କେଉଁ ଗାଆଁ-ଦାଣ୍ଡ,
ନୂଆଖାଲି ? ହିରୋସୀମା ? ପିଣ୍ଡାରକ ? ଦ୍ୱାରକା ? ପ୍ରଭାସ ?
ସେମାନେ ନାହାନ୍ତି ଯଦି, ଆହା ଆହା ସେମାନଙ୍କ କୋଳାହଳ ନାହିଁ
ଜାଣିବାକୁ ଇଚ୍ଛା ନାହିଁ ଏ ମୃତ ଠିକଣା
ଜାଣିକରି ନାହିଁ ଲାଭ ଲେଶ ।

ମାଟି ଓ ମଣିଷ

ମାଟି ଓ ମଣିଷ

Obsession with the harvest and indifference
to history are the two strings of my bow.

- Rene Char

(ଏକ)

କାରାଗାର

ଭିତରେ ଖାଲି ଅନ୍ଧାର,
ଅନ୍ଧାରର ତନ୍ତୁ ସବୁ ଛନ୍ଦାଛନ୍ଦି, ଗୁରେଇ ତୁରେଇ
ଭରା ଦେଇ ପଥର ଓ ଲୁହାର କାନ୍ଧରେ;
ନଇଁ ନଇଁ ଥୁରୁ ଥୁରୁ ବୁଢ଼ା ବୁଢ଼ୀ ପରି,
ବାନ୍ତିକରି, ଫିଙ୍ଗିଦେଇ ଯାହା କିଛି ଆନ୍ତରିକ ଆଶା ॥

ଆବର୍ତ୍ତିତ ପରିଧିର ଶୂନ୍ୟ କେନ୍ଦ୍ରବିନ୍ଦୁ
ଶୂନ୍ୟ ଥିଲା । ଶୂନ୍ୟ ଅଛି, ଶୂନ୍ୟ ଥିବ ଜାଣିଲେ ବି
ପ୍ରତିମାର ସ୍ୱପ୍ନଘାରେ, ଆଖିରେ ଝଲସେ ଖାଲି
ଶୁକ୍ଳ-କୃଷ୍ଣ-ଲୋହିତବରଣା ନାରୀ ତୁଙ୍ଗ ଓ ଗଭୀର
ଥରି ଉଠେ ଚର୍ମ, ତ୍ୱକ୍, ରକ୍ତ ମାଂସ, ଅସ୍ଥି, ମଜ୍ଜା, ଶୁକ୍ର
ପଞ୍ଚଭୂତ ଏବଂ ମନ, ବୁଦ୍ଧି, ଅହଂକାର ॥

ଥରକୁ ଥର ଜରାୟୁ, ଫୁଲି ଫୁଲି ସଂକୁଚିତ ହୁଏ
କ୍ଷୀର ଖାଲି ଝରି ଆସେ; କିନ୍ତୁ ଏଠି ଝରିବା ଆଗରୁ
ଶୁଖିଯାଏ ଛାଟି ହୋଇ ନିର୍ଲିପ୍ତ ଶିଳାର ସେଇ ବିଚ୍ଛୁରିତ ରକ୍ତଧାରେ
ଛେଚା ମାଂସ, ଭଙ୍ଗା ତୁଟା ପ୍ରତିମାର ସାଥେ ॥
ପଥରର ବନ୍ଦୀଶାଳା, ଭିତରେ ଅନ୍ଧାର
ମହାବଳ ସାତଟି କବାଟ ଆଉ ଅନର୍ଗଳ ଲୁହାର କିଳିଣୀ
ପଥର ଓ ଲୁହା ଆଉ ଶୂନ୍ୟତା ଓ ନିରନ୍ଧ୍ର ଅନ୍ଧାର
ବାହାରେ ଶତ ପ୍ରହରୀ, ଉତ୍ତୋଳିତ ଖଡ୍‌ଗ ଝଲସଇ
ମଥୁରାର ଆଶ୍ୱିନର ଚାନ୍ଦିନୀ ଅରଣ୍ୟେ ॥

ଆକାଶର ବିଳମ୍ବିତ ନୀଳ ନୀରବତା
ତାରାଫୁଲ, ବଉଦର ଶହ ଶହ କଣ୍ଢେଇ ଖେଳଣା
ଫୁଲ-ଫଳ ଭରା ବୃକ୍ଷେ, ମାଟି ଗଂଧେ, ନର୍ତ୍ତକୀ ଝରଣା
ମନେ ପଡୁଛି ଦେବକୀ
ରାତ୍ରିଶେଷେ ଭଙ୍ଗା ସ୍ୱପ୍ନ କ୍ଷୀଣ ସ୍ମୃତି ପରି ?
ସଂକୁଚିତ କାୟା ମୋର ଅନୁଭବେ କା'ର ଛାଇ
ଛାଇ, ଛାଇ, ଅନ୍ଧାରର ଛାଇ
ଏଇ ଦେହ ଅନ୍ଧାରର ଅଙ୍ଗ ଏକା ଖାଲି
ଜାତିସ୍ମର ମୋ ମନର ଅବଚେତନରେ
କାମନାର କଣ୍ଢାବୁଦା, ଭଙ୍ଗା ସ୍ୱପ୍ନ ଯେତେ ଧସା ବାଲି ॥

ଆକାଶ, ବଉଦ, ତାରା, ମାଟି ଆଉ ଫୁଲ
ବାହାରେ ମରିବ ସବୁ, ବାହାରେ ଝରିବକ
ଆମରି ଅପେକ୍ଷା କରି। ଆଉ ଆମେ ?
ନିଜେ ବି ମରିବା ମିଛେ ନିଜର ଅପେକ୍ଷା କରି
ଥାପିବାକୁ ମୂର୍ତ୍ତିଟିଏ ଶୂନ୍ୟତାର ବିବର୍ତ୍ତିତ କେନ୍ଦ୍ରବିନ୍ଦୁଠାରେ
ଯାହା ହେଇ ଘୂରି, ଘୂରି ବଢ଼ି ବଢ଼ି
ଧାଇଁ ଆସେ ଆଁ କରି ଗିଳିବ ଆମକୁ
ହେଇତି ଆସୁଛି ମାଡ଼ି କ୍ରମ ବର୍ଦ୍ଧମାନ ବିନ୍ଦୁ ଅଯୋନିସମ୍ଭବା

ପ୍ରସାରିତ କରେ ତା'ର
ନିଷ୍ଫଳ ତୋ ଯୋନି ଆଉ ବିକୃତ-ନୃତ୍ୟ-ନିରତା
ଡାକିନୀ ପେତିନୀ ପରି କାମମତ୍ତା ଅସଂଖ୍ୟ ବିଧବା ॥

ମତିଭ୍ରମ ମୋର ?
ପଥ ନାହିଁ, ପଥ ନାହିଁ
କବାଟ ପରେ କବାଟ ଅନର୍ଗଳ ଲୁହାର କିଳିଣୀ
ଜମାଟବନ୍ଧା ଅନ୍ଧାର ଛେଲି ଛେଲି ପରସ୍ତ ପରସ୍ତ
ଦାଢ଼ ନାହିଁ ଟିକେ ଆଉ ଦୃଷ୍ଟି - ଛୁରିକାରେ;
ଆଖି ଏବେ କାଚର ଗୋଲକ ଖାଲି ନିସ୍ପନ୍ଦ ସ୍ଫଟିକ;
ସ୍ୱର ସବୁ ବାରମ୍ବାର ଧକ୍‌କା ଖାଇ, ପିଟି ହୋଇ
ପଥର କାନ୍ଥରେ, ନୀରବିଲେ;
ସ୍ୱପ୍ନ ସବୁ ଚିତ୍ରିତ କଂକିର ପରି
ମଥା ପିଟି, ଡେଣା ପିଟି ବଂଧ୍ୟା ବିସ୍ତାରରେ
ଝରି ପଡ଼ି ମଲେ ॥

ଆମେ ଅଛେ ଅନ୍ଧାରର ବନ୍ଦୀଶାଳେ
ଜଣେ ଏଇ ବାଲିବନ୍ତ ଅଙ୍କରାନ୍ତି ଗଛ
ଏବଂ ଆଉ ଜଣେ ଖାଲି ସଂକ୍ରାନ୍ତି-ପୁରୁଷ
ବନ୍ଦୀଶାଳା ଗଢ଼ାଇଛି ରାଜା କଂସ, ଆମରି ଦ୍ୱିତୀୟ
ଖାଦ ଭରି ଲୌହ-ପାଶେ, ବାନ୍ଧିବୁନ୍ଧି ଆମ ପାଦପାଣି
ଜଗାଇ ଶତପ୍ରହରୀ, ଖଞ୍ଜି ଦେଇ ଅନର୍ଗଳ ଲୁହାର କିଳିଣୀ ॥

(ଦୁଇ)

ମହାକାଳର ମୃତ୍ୟୁ

ସେଦିନ ସେମାନେ ସବୁ ପୋତୁଥିଲେ ମହାକାଳ ଶବ
ମାଟି, ବାଲି ନଖରେ ବିଦାରି
ତଳକୁ ମୁହଁକୁ ପୋତି, ଲଜ୍ଜା କିମ୍ବା ଭୟରେ ଆକୁଳ
ବିଦଗ୍ଧ, ବିମୌନ ଏକ ଶରତର ରାତି ପାହାନ୍ତାରେ।
ଆକାଶେ ଶାଗୁଣାଦଳ କୁତ୍ସିତ ବିରୂପ
ଡେଣା ତାଙ୍କ ଢାଙ୍କୁଥିଲା ଚନ୍ଦ୍ର ଆଉ ଆକାଶର ନୀଳ
ନିସ୍ତବ୍ଧ ଥରିଲା ରାତି; ଶାଗୁଣାର ଡେଣା ଫଡ଼ଫଡ଼
ଥିଲା ବେଶ୍ ଭୟଙ୍କର, ବିକୃତ ନିଗୂଢ଼ ॥

ତା'ପରେ ସେମାନେ ସବୁ (ତମ ପରି, ମୋ'ପରି)
ବାହୁନିଲେ ବିଧବା ସମାନ
ହଠାତ୍ ମନେ ପଡ଼ିଲା କେଉଁ ଏକ ପୁରାତନ
ଏବଂ ପ୍ରାୟ ଭୁଲିଥିବା ଶୋକ,
ଆଖିରେ ନ ଥିଲା କିନ୍ତୁ ଟୋପେ ଲୁହ
ଆଖି ଥିଲା ଅନିଦ୍ରାରେ କଷା ଏବଂ ସବୁ ମୁହଁଯାକ
ଶୁଖିଲା ଓ ପାଉଁଶିଆ, ପୋଖରୀର ମୁହଁ ପରି
ଚନ୍ଦ୍ରାଲୋକେ ବିଭଙ୍ଗ, ପାତଳ ॥

ନଖରେ ବାଳ ଓଟାରି, ହାତ କୋଡ଼ି ଛାତି ଓ କପାଳେ
ହାୟ ହାୟ କରି ନିଜ ମୁହଁକୁ ବିଦାରି
ସେମାନେ ଝୁରି ଲାଗିଲେ ସେ ଅଖଣ୍ଡ ମହାକାଳରୂପ
ବାହୁନିଲେ ତା'ର ଯେତେ ଗୁଣ।
ତା' କଥା କରିଲେ ମନେ
ତାକୁ ଜାଣିବାର ପାଇଁ ଯେତେ ଯେତେ ପୂର୍ବ ଆରାଧନା।
ବେଦନାର ମୂଲ୍ୟ-ସ୍ଥିତି, ଯନ୍ତ୍ରଣା ଓ ନିଗ୍ରହ ସାଧନା ॥

କେତେ ଯୋଡ଼ି ହାତ ଦିନେ ଲମ୍ବିଥିଲା
ଅନ୍ଧାରର ସ୍ତବ୍ଧ ବନ୍ଦୀଶାଳେ; ଛୁଇଁବାକୁ
ଅଣ୍ଡାଳି, ଅଣ୍ଡାଳି ଖାଲି ଜାଣିବାକୁ, ଚିହ୍ନିବାକୁ,
ମହାକାଳ ରୂପ ଓ ଗଢ଼ଣ
ଚାରିପଟେ ହାତ ଜାକି କରିବାକୁ ତା'ରେ ଆଲିଙ୍ଗନ ॥

ଖଂଜ ଆଉ ଭଗ୍ନପାଦ ମୁହୂର୍ତ୍ତ ଓ ଘଟଣାର
ଦୈର୍ଘ୍ୟ, ପ୍ରସ୍ଥ, ଉଚ୍ଚତା ଓ ଘନଫଳ ମାପି
ତା'ଭିତରେ ପାଇବାକୁ ସେ କ୍ଷେତ୍ରକୁ
ସେ ଶାକଂବରୀ ଦେହୀକୁ ବ୍ରହ୍ମାଦି ତିରଣ ଯାଏ
ବାହିଜ୍ୟ ଅନ୍ତରେ ଯିଏ ରହିଛି ବହପି ॥

ତେଣୁ ଥିଲା ଏ ଅସୀମ ଯାତ୍ରା ସମୟର।
ଆଗେଇ ଆଗେଇ ଯିବା ମୁହୂର୍ତ୍ତର ସବୁ କ୍ଳାନ୍ତି
ପ୍ରତ୍ୟେକ ବସ୍ତୁ, ଧାରଣା ମାପି ମାପି
ଅନ୍ଧାରରେ ଦରାଣ୍ଡି ଦରାଣ୍ଡି, ହାତ ମାରି
ଅଣ୍ଡାଳି ଅଣ୍ଡାଳି
ପବନ ଯେମିତି ଯାଏ ଛୁଇଁ ଛୁଇଁ
ଘର ଓ ଆକାଶ ଆଉ ଗଛବୃଛ, ଦାଣ୍ଡ, ବାରି, ଗଳି ॥

ବସୁଦେବ, ଭାବି କିଛି ଲାଭ ନାହିଁ ସେ ପୁରୁଣା କଥା
ତମର ବା ମୋର ଅବା କେହି ସନ୍ତାନର ॥

ବିସ୍ତୀର୍ଣ୍ଣ ବର୍ତ୍ତମାନର ଓସାରିଆ ବାଇଶି ପାହାଚେ
ଗଡ଼ି ଗଡ଼ି କିଏ କେବେ ଜାଣି ପାରିଥିଲା
ସେଇଦିନ ଶିଖଣ୍ଡୀ ତା'ଆଗେ ଦେଖାଦେବ
ରଥଚକ ଧସିଯିବ ମାଟିତଳେ, ସାପ କାମୁଡ଼ିବ
ଅଥବା ସେ ଲଟରୀରେ ମୋଟା କିଛି ଟଙ୍କା ପାଇଯିବ ?
ତା' ତ ନୁହେଁ–ତେଣୁ ସେଇ ସଂକୀର୍ଣ୍ଣ ରେଖାଟି
ଜଣାଶୁଣା ଅତୀତ ଓ ଅଜଣା ଭବିଷ୍ୟତର
ସୀମାନାରେ ଖାଲି ଏକ ଘନୀଭୂତ ସ୍ମୃତିର ତୀକ୍ଷ୍ଣତା;
ମହାକାଳ ନୁହନ୍ତି ବି ସମୟ ବର୍ଣ୍ଣମାଳାର
ପ୍ରଥମ ଓ ଅନ୍ତିମ ଅକ୍ଷର
ସେ ନୁହଁନ୍ତି 'ଅ' ଠାରୁ 'ଳ'
ସେ ହୋଇ ପାରନ୍ତି ବୋଧେ 'ଔ' ଅବା 'କ' ଅବା 'ତ'
ଯାହା ଏଇ ବର୍ତ୍ତମାନ ସମୟ କ୍ରମରେ
ଧୀରେ ଧୀରେ, କ୍ରମେ କ୍ରମେ ହେଉଅଛି ସମ୍ୟକ ଉଚ୍ଚାରିତ ॥

ସବୁ ଲୁହ, ସବୁ ଲହୁ ମଡ଼ା ମଡ଼କରେ
ଦୁର୍ଭିକ୍ଷ ଓ ଅନାବୃଷ୍ଟି ଝଂଜା ଚଡ଼କରେ
ଊର୍ଦ୍ଧ୍ୱବାହୁ ଜୈନସାଧୁ, ରମଜାନ୍–ଉପାସୀ ମିଆଁର ନମାଜ୍‌ରେ
ହାଡୁ ସାହୁ ପଞ୍ଚଗବ୍ୟ ପିଇବାରେ
ଫାଦର ଭିନ୍‌ସେଣ୍ଟ୍ ଆଗେ ନତମଥା
ସୋଲୋମନ୍ ନାରୀଧର୍ଷଣର ଏକ କନ୍‌ଫେସନ୍
ଓ ଆଖିଲୁହରେ
ସଂଖ୍ୟାହୀନ କେତେ ବ୍ରତ, ଉପାସନା କୃଚ୍ଛ ସାଧନାରେ ॥

ଚିରଦିନ ଘଣ୍ଟା ଖାଲି ଠଖିଛି ଆମକୁ ॥

କାନ୍ଦଣାଲହରୀ ସବୁ ଜୁଆରରେ ନାଚୁଥିଲେ
ଫୁଲି ଫୁଲି ପୁଣି ନଇଁ ଯାଉଥିଲେ
ଭଟ୍ଟାର ଆଗମେ, ସ୍ଥିତି ଉପକୂଳ ଛାଡ଼ି
ଦୂରେ ଯାଉଥିଲେ ଫେରି
ନିଷ୍ଫଳ-ବୋଧର ଏଇ ଶୂନ୍ୟ ସିକତାରେ
ବିମୌନ ସେ ଶରତର ପାହାନ୍ତା ପହର ପୁଣି
କ୍ଷୀଣ ହେଉଥିଲା, ଶାଗୁଣାର ଡେଣା-କମ୍ପନରେ
ଆଉ ଦରନିଭା ତାରାର ଦୀପରେ ॥

ତା'ପରେ ଫେରିଲେ ଆମେ (ତୁ, ମୁଁ ଓ ସେମାନେ)
ମଡ଼ାସାଂଗି ଭାଇ ସବୁ
ଜହ୍ନ ନିଭିଯିବା ପରେ ଆକାଶର ଧୂସର ବୁକୁରେ
ସ୍ନାନ ସାରି 'ତିକ୍ତ' ଖାଇବାକୁ
ସମସ୍ତିଙ୍କ ଦରଛିଣ୍ଡା 'କରିଆ' ଓ ଗାମୁଛାରେ

ସମୟର ମଇଳା ଚିକିଟା ଆଉ
ବାରଜାତି ବିର୍‌କାଳିଆ ଗଂଧ
ଶାଗୁଣାର ଡେଣା ଫଡ଼ ଫଡ଼ ଆଉ
କୁକୁର ଓ ବିଲୁଆ ଚିତ୍କାର
କ୍ଳାନ୍ତ ମନ, କ୍ଳାନ୍ତ ରକ୍ତ-କଣିକାରେ
ଦୂରେ ଦୂରେ ଶୁଭୁଥିଲା କେଉଁ ଏକ ଅତୀତର
ମର୍ମସ୍ପର୍ଶୀ କରୁଣ ବାହୁନା, ଅବଲୁପ୍ତ ସଂଗୀତର ସ୍ୱର ।

(ତିନି)

ପ୍ରେତାତ୍ମାର ଶୋଭାଯାତ୍ରା ଓ ପରାବୃତ୍ତି

ବସୁଦେବ ହକାରୁଛି
'ହେ ପୃଥିବୀ, ହେ ଦେବକୀ,
ମଧୁମତୀ, ମଧୁକ୍ଷରା ହେ ଆଦି ଜନନୀ
ସମସ୍ତ କଅଁଳା ପିଲା ଆମେ ସବୁ ଡାକ ମାରୁ
ଆଦିମାତା, ହେ ସିବିଲ୍, ରୀଆ ଓ ଇସ୍ତର
ଆହେ ଶାକମ୍ଭରୀ ଦେବୀ, 'ଲାବୋସୁମ୍' କିଟୁଂର ପ୍ରଥମ କିଆରୀ
କେତେ ବଣବୁଦା ହାଣି ସଫା କରି ଡଙ୍ଗର, ପାହାଡ଼
ଝାଳରେ ଏ ମାଟି ଓଦା, ଆଶା ଆଉ କାମନାର
ଗମ୍‌ଗମ୍ ଝାଳ। ରୋଗ ଆଉ ବଇରାଗ, ମଢ଼ା, ମାରୀ
ଅଘଟଣ, ଅପମୃତ୍ୟୁ ଯେତେ ଅପଘାତ
ସବୁଥିରୁ ବଞ୍ଚିବାକୁ, 'ଶାମାନ୍' ଓ କିଟୁଂକୁ ଲାଞ୍ଚ
ଦେବାପାଇଁ ଇଏ ମୋର ପ୍ରଥମ ବୀଜବପନ ॥

କିନ୍ତୁ ହାୟ ଶୂନ୍ୟ ଏ କିଆରୀ
ସ୍ୱପ୍ନ କିଛି ଫଳିନାହିଁ, ରଙ୍ଗ କିଛି ଝଳି ନାହିଁ
ଶୂନ୍ୟ ତେଣୁ ମୋ ପ୍ରଥମ ଖଳା।
ସେଇ ଆମ ଦ୍ୱିତୀୟ ଯେ ଟାଣି ନେଇଅଛି
ତତେ ଆଉ ମତେ ଏବଂ ସମସ୍ତିଙ୍କି
ମିଛଟାରେ ସେ ପାଖର ମେରିଆ ତୋଟାକୁ ॥

ପରାବୃତ୍ତି- ବୌଦ୍ଧ ଧର୍ମରେ ମାନସିକ ସ୍ଥିତି ଓ ଗୁଣର ପରିବର୍ତ୍ତନର ନାମ

ରାତିର ମଲାଜହ୍ନରେ କାଉଁଳିଆ ଆଲୁଅରେ
ସେ ଦ୍ୱିତୀୟ ବୁଲେଇଛି ଭୂଆଁ
ଫସଲ ଓ ହସଠାରୁ ଝିଂକି ନେଇ
ଘୂରେଇ ଘୂରେଇ କେତେ କାମନା କିଆଗୋହିରୀ
ରକ୍ତପାତ, ଭ୍ରୁଣହତ୍ୟା, ଗୋହତ୍ୟା ଓ ବ୍ରହ୍ମହତ୍ୟା
କେତେ ଗନ୍ଧ ଅପନ୍ତରା ହିଡ଼
ରୌରବ ନରକ ଆଉ ବିଭସ୍ତ ଚିତ୍କାର।
ଚଇତର ମଉଛବୁ ରକ୍ତ-ନଦୀ ସନ୍ତରଣ ପାଇଁ ॥

ଏକାଠି ରହିବି ଆମେ ସବୁ ଏକାଟିଆ
ଭାରି ଏକାଟିଆ ସତେ, ଅତି ନିଛାଟିଆ ॥

ବରଡ଼ା ପତର ପରି ଥରିଥରି ଅନ୍ଧାରିଆ ସଂକୀର୍ଣ୍ଣ ଗଳିରେ
ଅଧିଭୂତ, ଅଧିଦୈବ ଅଧ୍ୟାତ୍ମ ଭୀତିରେ;
ଭୟର ଜୀବାଣୁ ସବୁ ଦେହସାରା। ହାୟ ହାୟ
ପଚିଗଲା ଦେହ, ଭୟର ଜୀବାଣୁ ସବୁ ମନ ଆଉ ହୃଦୟର
ପ୍ରତ୍ୟେକ ଅଣୁରେ। ହାୟ ହାୟ
ଖିନ୍ ଭିନ୍ ହୋଇଗଲା ହୃଦୟ ଓ ମନ।

ଫସଲ ଓ ହସ ପାଇଁ ତା'ପରେ ମେରିଆ ତୋଟା
କୁରହାଡ଼ି ଛୁଇଁନି କେବେ ସେ ତୋଟାର ଗଛ
ଗଜା ଗଛ ସବୁ ଖୋଜି ପତର ଓ ଫୁଲେ ଛନଛନ ॥

ଦଶଦିନ ଆଗରୁ ମୁଁ ନଣ୍ଡା କଲି କେଶ କାଟି
ମେରିଆର ମୁଣ୍ଡ; ନୂଆ ଲୁଗା ପିନ୍ଧାଇଲି
ଦେହରେ ତା' ତେଲ ଘିଅ ହଳଦୀ ବୋଳିଲି
ସଜାଇଲି ଦିଅଁ ପରି ନାନାଜାତି ଜଙ୍ଗଲି ଫୁଲରେ।
ତା'ପରେ ଡେଇଁଲେ ଆମେ କୁଦିଲେ, ନାଚିଲେ
'ଲିସେଣୀ' ଢାଇଁ ଢାଇଁରେ ଫଟାଇ ରାତିକୁ

ତାକୁ ବେଢ଼ି ନାଚ କଲେ, ପିମ୍ପୁଡ଼ିର ଧାଡ଼ି ବାନ୍ଧି
ଗଲେ ପୁଣି ଗାଆଁରୁ ଗାଆଁକୁ ॥

ଫସଲ ଓ ଭଲପାଗ, ଦିହସୁଖ ବରମାଗି
ଦର୍ମୁ ଓ ଧରତନୀ ଠାରୁ; ମଦରେ ବୁଡ଼େଇ ଦେଇ
ଅପଣାକୁ, ଆପଣାର ଧମ୍ମକାୟା, ମୂଳ ପ୍ରଥମକୁ ॥

ତା'ପରେ ନ ଦିଶେ ରାହା; ଆଖିରେ ମୋହର
ପିଚ୍ ପିଚ୍ ରକ୍ତ ସବୁ। ଆଖି, ନାକ, କାନ
ଦେହସାରା ରକ୍ତ ଲାଗି, ଶୁଖି କଣ୍ଟ କଣ୍ଟ
ପ୍ରତ୍ୟେକ ସ୍ନାୟୁ, ତନ୍ତୁରେ ଉଗ୍ର ଉତ୍ତେଜନା
କମ୍ୱଧର ମାଉଁସ ଓ ରକତରେ ଦ୍ୱିତୀୟର ତୀବ୍ର ଉନ୍ମାଦନା ॥

କିନ୍ତୁ ମୁଁ ତ କହିନାହିଁ 'ପାପାତ୍ମା ପାପକର୍ମାଣି'
ଡାକିନାହିଁ 'ପାପପଙ୍କେ ନିମଗ୍ନୋଽସ୍ମି ତ୍ରାହି ମାଂ ମଧୁସୂଦନ' !
ଚିତ୍କାର କରିଛି ବରଂ ମୋର ପାପ ନାହିଁ
ଦ୍ୱିତୀୟର ପାପ ନାହିଁ, ମୁଇଁ ଖାଲି ହସ ଆଉ ମଉଛବ,
ଦେବତା, ଅପଦେବତା ପାଇଁ ଖାଲି
ପଜାଇଛି ଛୁରି ଓ ଟାଙ୍ଗିଆ ॥

ହଳଦୀର କିଆରୀରେ ହଳଦୀ ପତର ବାସ୍ନା ମରିଗଲା
ଶସ୍ୟ କାହିଁ, ବୀଜ କାହିଁ, ସ୍ୱପ୍ନ କାହିଁ, ହସ କାହିଁ
ତଥାପି ତ ଶୂନ୍ୟ ଏ କିଆରୀ ॥

ହେ ଅପଦେବତା ମୋର ଲାଞ୍ଜ ନେଇ କୁଆଡ଼େ ଲୁଚିଲୁ
ମୁଣ୍ଡ କୋଡ଼ି, ହାତ ପିଟି ସମସ୍ତ ଦ୍ୱିତୀୟ ଆମେ
ଏଠି ବାହୁନୁଛୁ; ହାତରେ ନିଷ୍ଫଳ ଯୋନି
ସାମନାରେ ଅପନ୍ତରା ଡଙ୍ଗର, ପାହାଡ଼, ବଣ
ଶୂନ୍ୟ ଖଳା, ଅପୁଷ୍ଟକ ସ୍ତନର କୁଆଁରୀ ॥

ହେ ଅପଦେବତା ମୋର ଫିନିସୀୟ, କାର୍ଥାଜେନ୍
ଡ୍ରୁଇଡ୍ ଓ ଆଜ୍‌ଟେକ, ଜାଗୁଳେଇ, ବାସୁଳେଇ
ହରଚଣ୍ଡୀ, ରାମଚଣ୍ଡୀ, ମଙ୍ଗଳା, ବିମଳା
ସବୁ ତ ଖାଇଲୁ ବଳି-ରକ୍ତ, ମାଂସ, ଅସ୍ଥି, ମେଦ, ମଜ୍ଜା
ଲହ ଲହ ଜିହ୍ୱା ତୋର ନୃମୁଣ୍ଡମାଳିନୀ
ଖଂଡ଼ା-ଖର୍ପରଧାରିଣୀ ସଂହାର-ପ୍ରଳୟ ॥

ହେ ମୋର ମୋଲୋକ୍ ତୋତେ ବଳି ଦେଲି
ଯେତେ ସବୁ ଆମରି ସନ୍ତତି
ଉଷୁମ କଅଁଳା ପିଲା ରକ୍ତ ମାଂସ ସବୁ ଦେଲି ତତେ
ବାହୁନି ଫଟାଇବାକୁ ନୀରବିତ ଏ ନୀଳ ଆକାଶ ॥

ଆଜି ଏ ରାତ୍ରିର ଏଇ ଶବାଧାର ପାଶେ
ସଂକୁଚିତ କାୟା ମୋର ଘେରି ଜମିଆସେ
ଜାତିସ୍ମର ଅବଚେତନରେ
ସମସ୍ତ କଲ୍ମଷ, ଲୁହ, ବେଦନା, କଲୁଷ
ହେଇଟି ଆସୁଛି ଭୟ ଭିତରେ ଓ ବାହାରେ ଘୋଟୁଛି
ସ୍ନାୟୁ ଆଉ ଧମନୀରେ, ରକ୍ତ-କଣିକାରେ
ଭୟ, ଭୀତି ଆଦିମ ଓ ପାଶବିକି
ମୋ ଶିରାରେ, ଚେତନାରେ ଭୟ ଚହଟୁଛି
ବିଷପରି, ନୀଳାଭ ମୋ ଦେହ ॥

କିଏ ତମେ ? କିଏ ତମେ ? କାହିଁକି ଡାକୁଛ ମତେ ?
କେଉଁଠିକି ? କ'ଣ ପାଇଁ ? ମତେ ଏକା ମାଡୁଅଛି ଡର
ବାହାରେ ମଳିନ ଜହ୍ନ, ରଜନୀର ଅନ୍ତିମ ପ୍ରହର ॥

କିଏ ତମେ, କିଏ ତମେ ? ତମ ଛାଇ ଘେରିଯାଏ
ମହାକାୟ ଶାଗୁଣାର ଡେଣା ପରି
ନିଭି ଆସେ ତା'ର ତଳେ ତାରା ଓ ଆକାଶ

ବରଡ଼ା ପତର ପରି ହେଇ ଥରୁଛି ମୋ ଦେହ
କୋକୁଆ ଭୟ ଲାଗୁଛି ରାତ୍ରି ଏବେ ହୋଇନାହିଁ ଶେଷ ॥

ମୁଁ ମାନୁଚି ସିଏ ମୁଁ ମୋହରି ଦ୍ୱିତୀୟ
ମୁଁ ନେଇଛି ମୋତେ ନିଜ ଶ୍ମଶାନକୁ
କାମନା ଓ ନରକର ଫରନେସ୍‌କୁ;
ହଁ, ହଁ, ମୁଁ, ଜାଳିଛି ଜୁଇ
ପୋଡ଼ୁଛି, ଧ୍ୱଂସ କରିଛି, ଭାଙ୍ଗିଛି, ମାରିଛି
ଅସଂଖ୍ୟ ନାରୀଧର୍ଷିର, ଅସଂଖ୍ୟ ଛଳନା,
ଝାମୁନାଚ, କୁକୁଡ଼ା ଛାଗଳ ଆଉ
ମଇଁଷି ଓ ପୋଢ଼ ବଳି ଦେଇ
ତମକୁ ମୁଁ ଠକିଅଛି, ଅସଲ ଜିନିଷ ନିଜେ ମୁଁ କରିଛି ଭୋଗ
ମାଂସ, ମେଦ, ଅସ୍ଥି, ମଜ୍ଜା, ରକ୍ତର ଆସ୍ୱାଦ ॥

ତମପାଇଁ ଖାଲି କିଛି ଅଗୁରୁ, ଧୂପ ଓ ଦୀପ
ମିଛ ମିଛ ନଇବେଦ୍ୟ, ପୂଜାବ୍ରତ, ଓଷା ଉପାସନା
ତମପାଇଁ ଛଡ଼ା ଫୁଲ, ଚନ୍ଦନ, ସିନ୍ଦୂର
ଆମ୍ବଡାଳ, ସ୍ତବ ସ୍ତୋତ୍ର ଓ ଭରାକଳସ
ମୁଁ ଗଢ଼ିଛି ଅନ୍ୟପକ୍ଷେ ମୋର ଦେହ
ଅୟୁତ ଶବରେ; କେତେ ରକ୍ତ, କେତେ ମାଂସ
କେତେ ଶିରୀ, ସଂଭୋଗର ଅସରା ଧୂପରେ ॥

ମୁଁ ଗଢ଼ିଛି ମୋର ସୁଖ
ଭାଙ୍ଗିରୁଜି ଦେବାଳୟ, ଅଗାଳି, ମନ୍ଦିର
ପୋଡ଼ି ଜାଳି ଗୀର୍ଜା ଆଉ ମସ୍‌ଜିଦ୍ କାବ୍ୟ ଓ ଲିପିକା
ମୋ ହାତେ ନିଆଁ ବରିଆ ଝଲମଲ, ଉଲ୍ଲସିତ ଛୁରି
ଆଉ ଦେହ ସାରା ଶତାବ୍ଦୀର ରକ୍ତର ଛିଟିକା ॥

ମୁଁ ମାରିଛି ତଣ୍ଟି ଚିପି, କାଢ଼ି ଆଣି ଅନ୍ତବୁଜୁଳାକୁ
ଟଙ୍କା ପାଇଁ, ସୁନା ପାଇଁ, ପାଞ୍ଚଖଣ୍ଡ ପଡ଼ାପାଇଁ
ପ୍ରଗଣା ଓ ତହସିଲ ପାଇଁ
ଅନ୍ଧର-କଳା-ରାତିରେ ଜଖ ପରି ପୋତାଧନ ପାଇଁ
ଆଖି କା'ର ତାଡ଼ିଦେଇ, ଟୁକୁରା ଟୁକୁରା କରି
କା'ର ଦେହ, ମନ ଓ ହୃଦୟ ଆଉ ଶିରା ଓ ଧମନୀ
ଖଣ୍ଡ ଖଣ୍ଡ କରି କାଟି ଆକାଶକୁ ଫିଙ୍ଗି ଦେଇ
ଅଗଣନ ମନ, ସ୍ତନ, ଲିଙ୍ଗ ଆଉ ଯୋନି ॥

ଛାଇର ଏ ଶୋଭାଯାତ୍ରା
ମଥାକୁ ତଳକୁ ପୋତି ଅସୀମିତ ଛାଇ
ଖଲେଇ ଖଲେଇ ସବୁ ଯାଉଛନ୍ତି
ମୋ ଆଗରେ, ଚୁପ୍‌ଚାପ୍, ପଦୁଟିଏ କଥା ବି ନ କହି ॥

କ'ଣ ମୋର ଅପରାଧ? ଆକାଶ ସତେ କଅଣ
ଭାଙ୍ଗିଯିବ, ତା' ଭିତରୁ ଯଦି କେହି
(ଗୋଟିଏ ବି ଛାଇ) ହଠାତ୍ ମୁହଁକୁ ଟେକି
ମୋ ଆଡ଼କୁ ଚାହିଁ, ତୁଣ୍ଡ ଖୋଲେ?

ଦେଉ ପଛେ ମୋତେ, ଗାଳି, ଚଣ୍ଡତମ ଅଭିଶାପ ଦେଉ
ଚୂଡ଼ାନ୍ତ ନରକେ ମୋତେ ପଡ଼ିବାକୁ ଦେଉ ଅଭିଶାପ
ତଥାପି ସେ କଥା କହୁ, ତୁଣ୍ଡ ଖୋଲୁ,
ମତେ ଲାଗେ ଭାରି ଏକା ଏକା ॥

କଥା କହ, କଥା କହ, ଆରେ ଆରେ କଥା କହ
ପଦୁଟିଏ କଥା କହ, ତୁଣ୍ଡ ଖୋଲ,
ସୁନାଭାଇ ତୁଣ୍ଡ ଖୋଲ, ଦିଅ ମତେ ମନଇଚ୍ଛା
ଯେତେ ଅଭିଶାପ, ସୁନାଭାଇ ଥରେ କଥା କହ ॥

ନାଁ ନାଁ କେହି ଶୁଣୁନାହିଁ ॥

ନିବିଡ଼ ସ୍ୱପ୍ନରେ ମଗ୍ନ ସେମାନେ ତ ଯାଉଛନ୍ତି
ଗୋଟିକ ପରେ ଗୋଟିଏ, ଝୁଲି ଝୁଲି ନଇଁ ନଇଁ
ପଦଧ୍ୱନି ଟିକେ ସୁଦ୍ଧା ନାହିଁ।
ଅସହ୍ୟ ଧ୍ୟାନଗମ୍ଭୀର ରଜନୀର ଶେଷଯାମ
ଭୟପ୍ରଦ ନୀରବତା କିଛି ଭାଙ୍ଗୁନାହିଁ ॥

ସେମାନେ ସମସ୍ତେ ମୃତ, ଚିର-ନୀରବିତ ॥

ମୁଁ ମାରିଛି ସମସ୍ତଙ୍କୁ, ଛେଚି ଛେଚି ପଥରରେ
ଟାଙ୍ଗିଆ ଓ ବରଛାରେ, ଧନୁ ଓ ତୂଣୀରେ
ଗୁଳି ଆଉ ବାରୁଦରେ, ଲୁହା ଗନ୍ଧକରେ,
ଶ୍ୱାସ ରୋଧି, ବିଷ ଦେଇ, ଭସ୍ମ କରି, ବାଷ୍ପୀଭୂତ କରି
ବନ୍ଦୀଶାଳେ, ରଣଭୂମେ, ଗେଷ୍ଟାପୋରେ, ବଣପାହାଡ଼ରେ ॥

ସେ ସକଳ ଆର୍ତ୍ତନାଦ, କାନଫଟା ଚିତ୍କାର ଓ
ବେଦନାର ରୂପଲେଖା, ଯନ୍ତ୍ରଣା ଓ ହାହାକାର
ହାୟ ଆଜି ସବୁ ନୀରବିତ
ଏବେ ଖାଲି ଚୁପ୍‌ଚାପ୍ ଚାଲି ଆଉ ଅଭିଶାପ ଶବ୍‌ଦ-ବିରହିତ ॥

ଆଖି ବୁଜି ମୁଁ କ'ଣ କରିପାରେ ଅସ୍ୱୀକାର
ଏଇ ମହା ଶୋଭାଯାତ୍ରା, ଏଇ ଯେଉଁ ଛାଇର ଗହଳ ?
ହୃଦୟରେ ଖାଲି ମୋର କଣ୍ଟାବୁଦା, ଧକ୍ଷା ବାଲି
ନାଗଫେଣୀ, ମରୁଭୂମି, ଟୋପେ ନାହିଁ ଜଳ;
ବଉଦର ଶବାଧାର ଆକାଶରେ
ଏ ଆକାଶ ରୁଗ୍‌ଣ ଓ ମହଳ ॥

ସେମାନେ ଯାଉଛନ୍ତି ଧୀରେ ଧୀରେ ପଦଚାଳି
ଅଶରୀରୀ ପ୍ରେତାତ୍ମାର ଦଳ
ଲମ୍ବା, ଲମ୍ବା ଛାଇ ପଡ଼େ ମଉଳା ଜହ୍ନରେ
ଆଶ୍ୱିନର ରାତ୍ରିଶେଷ, ଆକାଶ ଘୁମାଉଅଛି ବସି ମଉନରେ ॥

ଆକାଶରେ ମୃତମେଘ ଶୋଭାଯାତ୍ରା
ରଙ୍ଗହୀନ, ନିର୍ବିକଳ୍ପ ଶରତର ମେଘ
ବିଳପିତ ପବିତ୍ରତା, କାକଜ୍ୟୋସ୍ନା ଅପହୃତା ନାରୀର ଗୌରବ ॥

ହେ ପୃଥିବୀ, ଆଦିମାତା, ରଜସ୍ୱଳା, ଫସଲର ପୂର୍ଣ୍ଣ ସଂଭାବନା
ବରଷୁ ବରଷ ଖାଲି ସପନ କଳ୍ପନା
ସ୍ନାୟୁ, ଶିରା, ଧମନୀରେ ସବୁଜ ଓ ଲୋହିତର ରେଖା ସବୁ
ଗାରେଇ ଗାରେଇ ଯାଏ ଚିକ୍ ଚିକ୍, ନିଦା ନିଦା ରଂଗ
କାମନା କର୍ଷଣ କରେ ଏ ଆଦିମ ମାଟି
ଆଉ ବୁଣିଯାଏ ଛାଡ଼ି ଛାଟି ଅକ୍ଷିମାଟି
ସ୍ୱପ୍ନ ଆଉ ସଂଭାବନା ଅଶ୍ରୁସ୍ନିତ ବୀଜ ॥

ହେ ପୃଥିବୀ ଆଦିମାତା ଗର୍ଭବତୀ
କ୍ଷମା କର ଗୋ ଦ୍ୱିତୀୟେ, କ୍ଷମା କର ଯୋନି-ନାଭି ଅପମାନ
କ୍ଷମା କର ଏ ଦାରୁଣ ଗର୍ଭନଷ୍ଟ
କ୍ଷମା କର ଛନ ଛନ ଫସଲ କିଆରୀବୁକେ
ଅରଣା ମହିଷିଦଳ, ମାଙ୍କଡ଼ର ଅଦୋଉତି
ମରୁଡ଼ିରେ ନଷ୍ଟଭ୍ରଷ୍ଟ ଫସଲର ଏ ବିଦୀର୍ଣ୍ଣ ଛାତି ॥

ଶୋଭାଯାତ୍ରା ସରିନାହିଁ ଏବେ ମଧ
ଆକାଶର ବଂଧା ବାଲୁଚରେ; କାକଜ୍ୟୋସ୍ନା ବସି ଝୁରେ
ଗଲାଦିନ, ଗଲାକଥା ଆଉ ଗଲା ସ୍ୱପ୍ନ
ଯାହା ସବୁ ଭାସିଗଲା ଛାଇର ଏ ଅବାରିତ ଜୁଆରରେ
ଥୋଇ ଦେଇ ମୋ ମଥାରେ ନିର୍ଜନତା-ବୋଝ ॥

ମୁଁ ଏକା ଏକାକୀ ନୁହେଁ, ଏ ଆକାଶ
ତାରା ଆଉ ମେଘ ବି ଏକାକୀ
ଏକୁଟିଆ, ନିଛାଟିଆ ଏ ପ୍ରଚଣ୍ଡ ଶୂନ୍ୟତାର ସାଜ ॥

କଥା କହ ତୁଣ୍ଡ ଖୋଲ ହେ ଦାରୁଣ ଅଭିଶାପ
କଥା କହ ହେ ମୋ ଶୂନ୍ୟ ଛାଇ
ତୁମେ ବି ତ ଏକୁଟିଆ ନିଷ୍ଫଳ ଏ ଅସୀମିତ
ସମୟରେ; ତୁମର ବି ମୋପରି କିଛି ଲକ୍ଷ୍ୟ ନାହିଁ ॥

ମୁଁ ଆଉ ପାରିବି ନାହିଁ ଦେଖି ଏହି
ନୀରବିତ ଛାଇ ପଟୁଆର।
ମୋର କୃତକର୍ମ ଫଳ, ଆରିଶିରେ ଝଲସିତ ରୂପ
ବିଧର୍ଷିତ ମାଟି ପରେ ବିଖଣ୍ଡିତ ଆକାଶର ଚାପ ॥

ଇତିହାସ ମୋର ନୁହେଁ, ମୁଁ ପ୍ରଥମେ ଚଳାଇନି ଇତିହାସ-ରଥ
ସେ ହୁଏତ ରଥାରୋହୀ କୃଷ୍ଣ ଅବା ଜାତବେଦ
ନାଭିପଦ୍ମ ବ୍ରହ୍ମା, ତମେ ବସୁଦେବ ଏବଂ
ମୁଁ ଏବଂ ଆମେ ଖାଲି ନିରୀହ ମୃତନାୟକ
ଗଡ୍‌ଡାଳିକା, ଅଟୋମେଟନ୍, ପ୍ରତିରକ୍ଷୀ କିମ୍ବା ସହାୟକ ॥

ତେଣୁ ଆମେ ବୁଜୁ ଆଖି ଜୋର କରି
ବନ୍ଦ କରି ଦୃଷ୍ଟିପଥ କୋଡ଼ିଏଟି ଶତାବ୍ଦୀର ଗର୍ଭପାତ ପରେ
ଅଗ୍ନିର ଅଭିମନ୍ଥନ, ବାୟୁର ଅଧିରୋଧନ
ସୋମରସ ପ୍ରବାହର ପରେ
ଦେବତା ଓ ମଣିଷର ଏ ପ୍ରଚଣ୍ଡ ନିଷ୍ଫଳତା ପରେ
ନରକର ସବୁ ନିଆଁ ପୂତିଗନ୍ଧ, କବନ୍ଧର ପରେ
ବନ୍ଦୀଶାଳେ ବସୁଦେବ, ଅଭିଶପ୍ତ ବସୁଦେବ ପୁଅ ନାତି
କାୟା ଆଉ ଇତିହାସ ପ୍ରତ୍ୟାଖ୍ୟାନ କରେ ॥

(ଚାରି)

ଦୁଃସ୍ୱପ୍ନର ରାତ୍ରି

ଚେତନାକନ୍ଦରେ ବସି ବନ୍ଦୀଶାଳେ
ଛଟପଟ ହୋଇ ସବୁ ଅନ୍ଧାର ଓ ସଙ୍କୁଚିତ ଛାଇର ଜାଲରେ
ବିଧ୍ୱଂସିତ ଛଅପୁତ୍ର, ଅପହୃତ ସପ୍ତମ ଗର୍ଭରେ
ବର୍ଷୁଁ ବର୍ଷ ଅପମାନ, ଅସହ୍ୟ ଲାଞ୍ଛନା ଆଉ
ବନ୍ଦୀଶାଳ ମୃତ ପରିଧିରେ।

ସପ୍ତମ ଅପହରଣ। ସବୁ ଲାଜ ଅପମାନ
ପରେ ମଧ୍ୟ ପୁଣି ଏ ନାଟକ
ସଂକ୍ରାନ୍ତି ପୁରୁଷ ମୁଇଁ ବ୍ୟର୍ଥତାର ବିରସ ନାୟକ ॥

ଅଷ୍ଟମର ସଂଭାବନା ମୋ ଦ୍ୱିତୀୟ ପାଇଁ ଗଢ଼େ
ପୁଣି ଏଇ ହସ ଓ ବିଦ୍ରୂପ
ଏବଂ ମୋ ଦ୍ୱିତୀୟ ଗଢ଼େ ମୋ ଅଷ୍ଟମ ପାଇଁ
ପୁନର୍ବାର ଧ୍ୱଂସର ଶାୟକ ॥

ମୁଁ ଦେଖୁଛି ସ୍ୱପ୍ନ ଖାଲି ରାତି ପରେ ରାତି,
ସାତ ରାତି ଭୟଙ୍କର ସ୍ୱପ୍ନ
ପ୍ରେତାତ୍ମାର ଶୋଭାଯାତ୍ରା ଏ ଆଖିରୁ କିଳିଦେଇ
ପୁଣି ମୁଁ ଥରୁଛି ଭୟେ, କୋକୁଆ ଭୟରେ

ଭୟଙ୍କର ସ୍ୱପ୍ନ ସବୁ ମୋ ସ୍ଥିତିର ମୂଳଦୂଆ ଥରେ
ଭୁଷୁଡ଼ି ପଡ଼ିବ ଲାଗେ ଥରିଥରି କେଉଁ ମୁହୂର୍ତ୍ତରେ ॥

ପ୍ରଥମ ରାତିରେ ମୁଇଁ, ଦେଖିଲଇଁ
ଗହଗହ ଶହଶହ ଯୁବତୀ ଓ ନାରୀ
ତା ଭିତରେ ତୁ ଅଛୁ ଦେବକୀ
ହରଗଉରା ଫୁଲ ଓ ମଂଜୁଆତି ନଖରେ ରକ୍ତିମ;
ଚୁଆ ଚନ୍ଦନ ତିଳକ କସ୍ତୁରୀ ଓ ଗୋରଚନା
ସ୍ତନ ଆଉ ଜାନୁଦେଶେ ମକରୀ ଭ୍ରମରୀ ॥

ତୋ ସାଥେ ମିଳନ ପରେ ମୁଁ ଧରୁଣୁ ଆଉ କାହା ହାତ
ଦେଖିଲି ସେ ନାରୀ ନୁହେଁ
ଦାନ୍ତ କଡ଼ମଡ଼ କରି ସିଏ ଗୋଟେ
କଳା ଆଉ ଭୁଷୁଣ୍ଡା ମାଙ୍କଡ଼
ଜାବୁଡ଼ି ଧଇଲା ମତେ ଦି' ହାତରେ
ତୀକ୍ଷ୍ଣ ନଖେ ବିଦାରିଲା ମୁହଁ ମୋର, ମୁଁ କଲି ଚିତ୍କାର
ହଠାତ୍ ନିଦରୁ ଉଠି ଦେଖେ ମୁଁ ନିଦ୍ର ତା ତୁହି
ଶୂନ୍ୟ ସେଇ ବନ୍ଦୀଶାଳ, ଅନ୍ଧାର ଓ ନିରନ୍ଧ୍ର ଅନ୍ଧାର ॥

ଦ୍ୱିତୀୟ ରାତିରେ ଦେଖେ ମୁଁ ଉଡୁଛି ଆକାଶରେ
ନିଥର ନୀରବ ନୀଳ ମେଘହୀନ ରାତ୍ରିର ଆକାଶ
ସହସା ଉଠିଲା ଜଳି ସେ ଆକାଶେ
ସଂଖ୍ୟାହୀନ ବିଦ୍ୟୁତ୍ ଚମକ;
ତଳେ ଚାହିଁ ମୁଁ ଦେଖିଲି ସଂଦୀପ୍ତ ଅଗ୍ନି ଦିଶୁଛି
ମାଳ ମାଳ ମୟୁରର ବେକ ॥

ତୃତୀୟ ରାତ୍ରିର ସ୍ୱପ୍ନେ ତୁ ଆଉ ମୁଁ ଯାଇଛେ
ଜଳକେଳିପାଇଁ, ମଳିନ ଜହ୍ନ ଆଲୁଏ
ଆକାଶ ଓ ଭଙ୍ଗା ମେଘ, ଗଛ ଛାଇ

ଚୁପ୍‌ଚାପ୍ ନିବିଷ୍ଟ ମନରେ
ଦେଖୁଛନ୍ତି ନିଜ ରୂପ ଜଳଦର୍ପଣରେ ।
ହଠାତ୍ ମୋ ମନ ହେଲା ମୁଁ ବି ଟିକେ ଦେଖିନିଏ
ମୋ ଆପଣା ରୂପ; ବନ୍ଦୀଶାଳ ଅନ୍ଧାରରେ
ଯାହା କଥା ଯାଇଥିଲି ବହୁଦିନ ଭୁଲି
ଏବଂ ସେଇ ନିସ୍ତରଙ୍ଗ ପାଣି-ଆରିଶିକୁ ଚାହିଁ
ମୁଁ ଦେଖିଲି ମୋ ନିଜର ଦେହେ ମୁଣ୍ଡ ନାହିଁ ॥

ଚତୁର୍ଥ ରାତ୍ରିର ସ୍ୱପ୍ନ-ଗୋଧୂଳିର ମୃତ ଛାଇ ତଳେ
ମନ ମୋର ହଜିଅଛି ଆକାଶର କଥଞ୍ଚିତ୍ ପାଣ୍ଡୁରିତ ନୀଳେ
ହାତ ଧରାଧରି ହୋଇ ଆମେ ଦୁହେଁ ଖୁସିଗପ କରି
ବୁଲି ଯାଉଁ ଯାଉଁ ପଥେ ହଠାତ୍ ହାବୁଡ଼ି ଗଲା
ଭୟପ୍ରଦ, ମହାକାୟ, କୃଷ୍ଣଦନ୍ତ ଦାରୁଣ ଶୂକର
ତୋ ଚିତ୍କାର ପଡୁଅଛି ମୋ କାନରେ
ଶୂକରର ଆକ୍ରମଣେ ମୁଁ ପାଇଛି ମୃତ୍ୟୁର ଦୁଆର ॥

ପୁନଶ୍ଚ ପଞ୍ଚମ ରାତ୍ରେ ମୁଁ ଚାଲିଛି ନୀରବେ ଏକାକୀ
କୁଆଡ଼େ ମୁଁ ଜାଣି ନାହିଁ, ଧୀରେ ଧୀରେ
ହାତେ ଧରି ରକ୍ତପଦ୍ମ ଭୀତତ୍ରସ୍ତ ପାଦ ଥାପି ଥାପି;
ମୁଁ ଜାଣିଲି ଦିନକାଳ ଶେଷ ମୋର
ହାତ ଠାରେ ଆରପାରି ଅସ୍ପଷ୍ଟ ଆଲୁଅ
ଦିନର ଚେତନା ସତ୍ତ୍ୱେ, ନିଜକୁ ପ୍ରବୋଧିବାର ବୃଥା ପ୍ରୟାସରେ
ରାତ୍ରି ଆସେ, ପୁଣି ଆସେ ମହାଭୟ ଥରାଇ ମୋ ସତ୍ତାର ଧମନୀ ॥

ଷଷ୍ଠ ରାତ୍ରେ ସ୍ୱପ୍ନ ଘାରେ, ପୁଣି ସେଇ ନିଦାରୁଣ ସ୍ୱପ୍ନ
ମୁଁ ଯାଉଛି ଦକ୍ଷିଣକୁ ବସି ଏକ ମହିଷ ପିଠିରେ
ଜରାୟୁର ବନ୍ଧ୍ୟା ରକ୍ତ, ତୋ ମଥା ସିନ୍ଦୂର ପରି
ମୋ ଗଳାରେ ରକ୍ତ ପୁଷ୍ପମାଳ

ଆକାଶର ଶେତା ମୁହେଁ ହଠାତ୍ ଉଠିଛି ଝଳି
ପରିବ୍ୟାପ୍ତ ରକ୍ତିମ ଜୁଆର ॥

ଶେଷରାତି, ମୁଁ ପାଇଛି ପୁତ୍ର ଶେଷେ ମନେ ହେଲା
ଆଉ ଆମେ ତିନି ଜଣ ନଖ ଆଉ ଦାନ୍ତରେ କାମୁଡ଼ି
ଜିଭର ଲାଳ ଲଗାଇ ଓଦା କରି କାରାର ପାଚିରୀ
ଯାଇଅଛେ ଦୂରେ ଚାଲି ପଛରେ ପକାଇ ସବୁ
ଅଙ୍କରାନ୍ତି ଗଛ ଆଉ ଚୋରା ଧକ୍ଷା ବାଲି ॥
ନିଷ୍କୃତିର ଆନନ୍ଦରେ ମୁଁ ଯାଉଛି ଆଗେ ଆଗେ ଧାଇଁ
ହଠାତ୍ ପଛକୁ ଚାହିଁ ଦେଖିଲି ମୁଁ
ତୁମେ ଦୁହେଁ କାହିଁ ଦେଖା ନାହିଁ
ପଛେ ପଛେ ଖଲେଇ ଖଲେଇ ଆସେ
କଳା ଗାଈ ଓ କଳା ବାଛୁରୀ
ରକ୍ତଛିଟିକା ମୋ ଅଙ୍ଗେ ହାତେ ମୋର ଝଲସିତ ଛୁରୀ;
ନିଦ୍ରା ଶେଷେ ପୁଣି ସେଇ କାରାଗାର, ଅନ୍ଧାର ଓ ଶତେକ ପ୍ରହରୀ ॥

(ପାଞ୍ଚ)

ପ୍ରତିଧ୍ୱନି

ବସୁଦେବ ଓ ତା'ର ପୁଅ ନାତି ମରିଗଲେ
ସପ୍ତମୀ ରାତିର ସେଇ ସପନ ଶେଷରେ
ତା'ପରେ ପ୍ରେତାତ୍ମା ତାଙ୍କ ଖୋଜୁଅଛି ଆପଣା ସନ୍ତକ
ଅଣ୍ଡାଳି ଅଣ୍ଡାଳି ଖୋଜେ ଧୂଳିସାତ୍ ମସଜିଦ୍
ଗୀର୍ଜା ଆଉ ସିନାଗଗ୍, ବନ୍ଦିର ଅଟ୍ଟାଳି
ଭସ୍ମୀଭୂତ ଚୈତ୍ୟ ଓ ବିହାର ଆଉ
ଲଙ୍ଗଳ ଓ ତନ୍ତ ଏବଂ ନିହାଣ ଓ ମୁଗୁର ବଟାଲୀ ॥

ମାଇଲ୍ ମାଇଲ୍ ଧରି କରୁଣ ବାଲିବନ୍ତରେ
ବଙ୍କା ଟଙ୍କା ଜଙ୍କଧରା ଇସ୍‌ପାତ, କଂକ୍ରିଟ, ହାଡ଼
ବଲ୍‌ବ ଓ ଗାଡ଼ି, ଘଣ୍ଟା ଧ୍ୟାନ ଓ ଧାରଣା
ଯକ୍ଷର ଅଜସ୍ର ଧନ, ପୋତାଧନ, ସୁନା ଲକ୍ଷ ମାଢ଼
ଗୁରିଆ ତୁରିଆ ସବୁ କଣ୍ଟାଲଗା ଯେତେ ଲୁହା ତାର ॥

ସେଥିରେ ପିଟି ହେଉଛି ମହାଶୂନ୍ୟତାରେ
ସକାଳ ସୂର୍ଯ୍ୟକିରଣ, ମାଇଲ୍ ମାଇଲ୍ ଧରି
ସମୁଦ୍ରର ଧାରେ ଧାରେ, ସେ ବାଲିବନ୍ତରେ;
ଚନ୍ଦ୍ର ତାକୁ ସାଉଁଟୁଛି, ଛୁଇଁ ଛୁଇଁ ଚମକ ଆଶାରେ
ନିରୋଳା ଚାନ୍ଦିନୀ ରାତି ଝୁରି ମରେ ପୁରାତନ ପରିଚିତ ଲୋକ

କେହି ତ ଚମକୁ ନାହିଁ, କିଛି ଟିକେ ହଲୁ ନାହିଁ
ଅଛି ଖାଲି ଏ ଶୂନ୍ୟତା, ସକାଳର ନୀରବ ଆଲୋକ ॥

କେହି ସ୍ତନନ୍ଧୟ ନାହିଁ ଏ ମାଟିର
ଅଛି ଖାଲି ନଈପଠା ବାଇଗଣ କିଆରୀର
କୁଟାରେ ତିଆରି ସେଇ କଳାକନା-ବନ୍ଧା
ମୁଣ୍ଡରେ ହାଣ୍ଡି ଉଗୁଡ଼ା ମଣିଷ ବିଦ୍ରୁପ
ଶୂନ୍ୟ ଏ ଆକାଶ, ମାଟି, ଶୂନ୍ୟ ମନ ହୃଦୟର ଖୋପ ॥

ଆକାଶରେ ତିନିପାଦ, ଅଗ୍ନି ଆଉ ବିଦ୍ୟୁତ୍ ଓ ସୂର୍ଯ୍ୟ
ତ୍ରି-ଆଦିତ୍ୟ ମିତ୍ର ଆଉ ବରୁଣ ଅର୍ଯ୍ୟମା
ପିତୃଶ୍ରେଷ୍ଠ ଛାୟାପଥଚାରୀ
ପ୍ରେତାତ୍ମା ପକାଏ ଛାପ ଥୁ ଥୁ ଆକାଶକୁ
ହିରଣ୍ୟଗର୍ଭ ସାମ୍ନାରେ ଶିଶୁପରି ନ କରି ଗୁହାରି ॥

ସେ ପ୍ରେତାତ୍ମା ଦେଖିଗଲା ଶୂନ୍ୟ ମୁହଁ
କୋଡ଼ିଏଟି ଶତାବ୍ଦୀର ଗର୍ଭପାତ, ଯେତେ ଉପସ୍ଥିତି
ସେ ପ୍ରତାତ୍ମା ପଢ଼ିଗଲା ଶୂନ୍ୟ ମୁଖେ
ଆପଣାର ବିନଷ୍ଟ ବିଭୂତି;
ଉଜୁଡ଼ା ଫସଲ କ୍ଷେତ, ଦ୍ୱିତୀୟ-ଉବାଚ
ବ୍ରହ୍ମା, ପ୍ରଜାପତି, ଦେବ, ଗନ୍ଧର୍ବ ଓ ଯକ୍ଷ
ଏବଂ ରାକ୍ଷସ ଓ ପିତୃ ଓ ପିଶାଚ ॥

ଭାଦ୍ରବର କୃଷ୍ଣପକ୍ଷ ଆକାଶ ଓ ପୃଥିବୀରେ
ନିରନ୍ଧ୍ର ଅନ୍ଧାର
ଅଷ୍ଟମୀ ତିଥିର ନିଶି ଅର୍ଦ୍ଧଭାଗେ
ରୋହିଣୀ ଓ ବୃଷର ସଂଯୋଗେ
ଆକାଶରୁ ପୁଷ୍ପ ବୃଷ୍ଟି ଦୁନ୍ଦୁଭି ଓ ବାଦ୍ୟ-ନାଦ ଭରା

ବୃଷରାଶି ନିଶାକର, ଦିଗ ସବୁ ଦିଶେ ପରିମଳ
ନାନା ରଙ୍ଗେ ନାଚନ୍ତି ଅପ୍‌ସରା ॥

ଗନ୍ଧ ପ୍ରସରେ ପ୍ରକଟି, ଫୁଲ ଫୁଟେ ଲତାରେ ଲତାରେ
ଚଉଦିଗେ ବିପ୍ର ପଢ଼େ ମାଙ୍ଗଳିକ ଶୁଭ ବେଦନାଦ
ଅଗ୍ନିଶିଖା ଉର୍ଦ୍ଧ୍ୱେ ଉଠେ ପରିତୁଷ୍ଟ ପ୍ରକ୍ଷିପ୍ତ ସମିଧ ॥

ସବୁ ପ୍ରତ୍ୟାଖ୍ୟାନ ପରେ
ଇତିହାସ, ରକ୍ତ ବିଭୀଷିକା
ସବୁ ପ୍ରତ୍ୟାଖ୍ୟାନ କରି କୋଡ଼ିଏଟି ଶତାବ୍ଦୀର ଗର୍ଭପାତ
ପିତୃ ପିତା ଦେବତାର କରୁଣ ଭୂମିକା
ସବୁ ପ୍ରତ୍ୟାଖ୍ୟାନ କରି ଦ୍ୱିତୀୟର ରକ୍ତଚକ୍ଷୁ
ସେ ସଂଭୋଗକାୟା, ଅଦ୍ୱିତୀୟ ପ୍ରଥମର,
ମୂଳ ଧମ୍ମକାୟର ସେ ଦୀପ୍ତ ମହିମାରେ
ସବୁ ପ୍ରତ୍ୟାଖ୍ୟାନ କରି କେନ୍‌ର ରକ୍ତମୁଖ
ମରୁଭୂମି, ଧକ୍ଷାବାଲି, ଅଙ୍କରାନ୍ତି ବୈକୁଣ୍ଠ ଓ ସ୍ୱର୍ଗ
ନରକର ମହାଭୟ, ଅଣିମା ମହିମା ଆଦି ମହା ଅଷ୍ଟବର୍ଗ
ସବୁ ପ୍ରତ୍ୟାଖ୍ୟାନ ପରେ ସେ ପ୍ରେତାତ୍ମା ପୁଣି ଫେରେ
ଜାଗତିକ ଚରିନ୍ତିନୀ ମାଟିର ମୋହକୁ ॥

ଦ୍ୱିତୀୟର ମୃତ୍ୟୁ ଅଛି, ସିଏ ତ ମରୁଛି ନିତି
ସମୟ ଓ ଇତିହାସ ଦେବତା ମୁରଛି
ମୃତ୍ୟୁ ନାହିଁ ଆକାଶର, ଯାଦୁକରୀ ଆକାଶର
ମୃତ୍ୟୁ ନାହିଁ ଏ ମାଟିର, ତାରା ଆଉ ଫସଲର
ମେଘ ଆଉ ସମୁଦ୍ର ହାୱାର
ବିମଳିନ ଆଲୁଅରେ ଆଦିମ ଆକାଶତଳେ
ମୃତ୍ୟୁ ନାହିଁ ଏ ମାଟିର;
ଏ ପୃଥିବୀ, ମଧୁକ୍ଷରା ମଧୁମତୀ, ମଧୁବତ୍ତା ଶାକମ୍ଭରୀ ମୋହ

ଅମର ଏ ଇସିସ୍, ଇସ୍ତର ଆଉ ରୀଆ
ଆଉ ସିବିଲ୍ ଓ ଆଦିମାତା ଲାବୋସୁମ୍ ମୋହ
ଡାକେ ପୁଣି ସେ ପ୍ରେତକୁ
ଚମକେ ସେ ଅଶରୀରୀ; ପ୍ରାଣେ ଜାଗେ କୋହ ॥

ଫସଲର ନିମନ୍ତ୍ରଣ, ରଜସ୍ୱଳା ମାଟିର ଆହ୍ୱାନ
ଅକ୍ଷମ ଗର୍ଭର ସ୍ୱପ୍ନ, ଲୁହା ଆଉ ପଥରର
ପରିଧି ଓ ଅନର୍ଗଳ କିଳିଣୀକୁ ଜିଣି
ମଉନ ଆକାଶତଳେ ମାଟିର ଫସଲ ହସେ
ବାଜେ ପୁଣି ଜୀବନର ଦୁନ୍ଦୁଭି ଓ ମୃତ୍ୟୁର କିଙ୍କିଣୀ ॥

ପ୍ରତିଧ୍ୱନି ଫେରିଆସେ ଦୂରୁ ଗୋଟେ ହଜିଥିବା
ଆଶ୍ଚର୍ଯ୍ୟ ଓ ପରିଚିତ ସ୍ୱର
ଅପହୃତ ମୂରତିର, ବିଦଗ୍ଧ ପ୍ରତିଛବିର
ବାଲିବନ୍ତ ସମୁଦ୍ର ତରଙ୍ଗ ଆଉ ଆକାଶ ଜଡ଼ାଇ
ଧକ୍ଷା ବାଲି, ଅଙ୍କରାତି ଫୁଲ ଆଉ ଫଳରେ ବୁଡ଼ାଇ ॥

ପ୍ରତିଧ୍ୱନି ଫେରିଆସେ ବନ୍ଦୀଶାଳେ
ସଂଜବେଳ ରଣିଫୁଲ ଜହ୍ନ ଆଉ ଗାଁ ନଈକୂଳ
ଟପ୍ ଟପ୍ ଲୁହ-ଲହୁ
ମଣିଷର ଘର୍ମାକ୍ତ କପୋଳ
ଇତିହାସ, ଭାଗ୍ୟ ସାଥେ
ଦେବତା ଓ ଜନ୍ମସାଥେ ସଂଗ୍ରାମର
ତେଜୋଦୀପ୍ତ ମଣିଷର ଗର୍ବାନ୍ୱିତ ସେ ମୁଖମଣ୍ଡଳ ॥

ପ୍ରତିଧ୍ୱନି ଆକାଶେ ତାରାରେ
ପ୍ରତିଧ୍ୱନି ସାଗରେ, ମେଘରେ
ଇତିହାସ, ବିଭୀଷିକା, ରକ୍ତ ଆଉ ପାଗଳାମି ପରେ
ଭାଗ୍ୟକୁ ବିଦ୍ରୂପ କରି ଲୁଣି ଲୁହ ଚାଟି ଚାଟି

ପ୍ରତିଧ୍ୱନି ଫେରିଆସେ କୁସୁମିତ କୋଳାହଳେ
ସବୁଜ କ୍ଷେତରେ ॥

ବନ୍ଦୀଶାଳ ଲୁହା ଆଉ ପଥର, ଅନ୍ଧାର
ଦ୍ୱିତୀୟର ପାଗଳାମି ବିଭତ୍ସତା
ନରକର ନିଆଁ ଆଉ ପୂତିଗନ୍ଧ ଯେତେ କବନ୍ଧର
ଚିରସ୍ଥାୟୀ ପଟାଦାର କେହି ତ ନୁହନ୍ତି ଏଠି
ମଣିଷର ଆଉ ଏ ମାଟିର
ଫିଟେ ତେଣୁ ଅନର୍ଗଳ ଲୁହାର ଏଇ କିଳିଣୀ
ଦ୍ୱିତୀୟ ବି ଖସିପଡ଼େ ମଞ୍ଚାପରୁ
ପ୍ରତିଧ୍ୱନି କୁହରାଏ ପ୍ରେତାତ୍ମାର ପ୍ରତିତନ୍ତୁ
ଡାକେ ତାକୁ ଏ ମାଟିକୁ
ପ୍ରତିଧ୍ୱନି-ଉଭାନ ସେ ସୌମ୍ୟରୂପ
ସେ ଆଶ୍ଚର୍ଯ୍ୟ ପରିଚିତ ସ୍ୱର !!

ତ୍ରିଶଂକୁର ମଧସ୍ୱର୍ଗ

ତ୍ରିଶଂକୁର ମଧ୍ୟସ୍ୱର୍ଗ

(ଏକ)

ସେଦିନ ଆସିଲା ଋତୁ ବେଦନାର, ଅଶ୍ରୁ ହତାଶାର
ବାହାରେ ଅଶାଂତ ହାୱା ବସନ୍ତର, ମୁଗ୍‌ଧ ଫଗୁଣର
ଦେହର ଆମ୍ରବଉଳ, ମୋ ମନର ଯେତେ ସୁପ୍ତ କୁହୁ
ଆକାଶ ଇସ୍‌ପାତ-ନୀଳ ହଳାହଳ-ରାଗ ଓ ମଧୁର ॥

ମୋ ହାଡ଼ରେ ଅପରାହ୍‌ଣ, ଅବା ଛିତ ନିର୍ଜନ ମାଇଲ
ପେଭ୍‌ମେଣ୍ଟର କଳାରାତି; ଅନାବୃତ ମନ ପିନ୍ଧେ
(ଆଶାର ନାଲି କସ୍ତାଟି ଚଟ୍‌କିନି ବଦଳି ପକେଇ)
ନିତି ପିନ୍ଧା ଇସ୍ତ୍ରୀହୀନ ଧୂସର ନିରାଶା
ପବନ ଗୋଟାଏ ପତ୍ର ସମୟର ଚାଙ୍ଗୁଡ଼ିରେ
କଥା କହେ ଛୁପି ଛୁପି ଶବ୍‌ଦହୀନ, ବର୍ଣ୍ଣହୀନ ଭାଷା ॥

ଶେଷ ଶବ୍‌ଦ ଆଲୁଅରେ ଶୁଣି ଶୁଣି ମୋ ମୃତ୍ୟୁ-ସଂଗୀତ
ଯେତେ ମୋର ପୀଡ଼ିତ ମୁହୂର୍ତ୍ତ
ମୁଁ ଖାଲି ମାଗୁଛି ଆଜି ବିସ୍ମରଣୀ କ୍ଷମା
ଅନେକ ଜନମ ତଳେ ପୋତିସାରି ମୋ ପ୍ରାଣର ବୀମା ॥

ବୀରବାବୁ, ବିରାଟ ଖଣି ମାଲିକ
'ବିଜିନେସ୍ ଲଂଚ୍' ପରେ କାଡ଼ିଲାକ୍ ଘଣ୍ଟାରେ ନବେ ମାଇଲ୍
ରାତିରେ 'ବାର୍ ବିଚ୍‌ରେଟ୍', ବ୍ରୋମାଇଡ୍, ଛାଇର ଗହଳ
ସ୍ୱପ୍ନରେ ନିଷିଦ୍ଧ ସୁଖ, ରବିବାରଗୀର୍ଜାର ସମନ
ଅନେକ ହିଡ଼ ଓ ଟେଳା, ଖରା ଧାସ, ପୋଡ଼ା ବିଲ ବଣ ॥

ଡିକ୍‌ଟେସନ ପରେ ଡିକ୍‌ଟେସନ
ଲିଲି ରଥ ଝାଳ ପୋଛେ କହୁଣୀରେ
ବୀରବାବୁ ବସି ଭାବେ ଦେହରେ ତୁଷାର ତା'ର
ପାଇନ୍ ଓ ସଂକୀର୍ଣ୍ଣ ପାହାଡ଼
ଝରଝର ଝରଣାର କଳତାନ, କଅଁଳିଆ ଘାସର ଚାଦର ॥

ମିଟିଂ ଓ କନ୍‌ଫରେନ୍‌ସ, ଏରୋପ୍ଲେନ୍ ଜେଟ୍ ଓ ବେତାର
ଆକାଶର ଛାୟାପଥ ନୀହାରିକା ଡେଇଁ ଡେଇଁ
ଭୂତ ଓ ପ୍ରେତର ଦଳ କେଣେ ଯାଏ ଖୋଜି ନିଜ ଘର ॥

ହଠାତ୍ ବି ଆସିପାରେ ସେ ମରଣ
ସକାଳର ସ୍ୱପ୍ନ ଶେଷେ
ନାମହୀନ ବେଦନାର ଇଙ୍ଗିତ ପରାୟେ
ନିବୁଜ ମନ୍ଦିରେ କେବେ ଚେମେଣିଆ ଗନ୍ଧ ନେଇ
ହଠାତ୍ ସେ ନୀରବତା ଆସିପାରେ ପକ୍ଷୀର ସଂସାର ଘେରି
ଆଖିରେ ଜଡ଼ାଇ ତନ୍ଦ୍ରା କୁଳାୟେ କୁଳାୟେ ॥

ବୀରବାବୁ, ଲିଲି ରଥ, ନଗ୍ର ଲୋକ ଅନେକ ଜୀବନ
ମରୁ ପଦଚିହ୍ନ ସବୁ, ଗହଳିର ଠେଲାପେଲା ସତ୍ତ୍ୱେ ଆହା
ସବୁ ଯେ କେତେ ଏକାକୀ କେତେ ସାଥୀହୀନ ॥

ଅନେକ ବସ୍ତୁର ଭିଡ଼, ଅନେକ ଧାରଣା
ଦ୍ୱିପ୍ରହର ଦୀର୍ଘାୟିତ ମାଲଗାଡ଼ି କଷ୍ଟେମଷ୍ଟେ

ଘୁଷୁରି ଘୁଷୁରି ଯାଏ
ତାରା ଓ ସୂର୍ଯ୍ୟ, ପୃଥିବୀ
ଅନ୍ଧାରର ଆଲୋକରେ ସତେ ପଥବଣା ॥

ସେ ଦିନ ଖବର ହେଲା ଯେ ପୃଥିବୀ
ଆସନ୍ତା ଅକ୍ଷିତୃତୀୟା ମଙ୍ଗଳ ଲଗ୍ନରେ
ଦ୍ୱାରକାପରି ବୁଡ଼ିବ ସମୁଦ୍ରର ଉତ୍ତାଳ ଜୁଆରେ
ମିସେସ୍ ସିଂପ୍‌ସନ୍ ଆଉ ବୀରବାବୁ କାବାରେ ହଲ୍‌ରେ
ନାଚୁ ନାଚୁ ରେଡ଼ିଓର ଏ ଖବର ଶୁଣି ସ୍ଥିର କଲେ
ତା ହେଲେ ନିଶ୍ଚୟ ପାର୍ଟି ହେବା ଚାହିଁ ଦିନ ଦି'ଟାରେ ॥

ତା'ପରେ ସାଁପେନ୍ ଆଉ 'ହଟ୍ ଡଗ୍'
ଏବଂ ଚର୍ଚ୍ଚା କେମିତି ଭିଏତନାମରେ ହଜାର ହଜାର ଲୋକ
ମରୁଛନ୍ତି ପୋକ ମାଛିପରି
ଦାର୍ଶନିକ ଫେଲୋଫେନ୍ ହଠାତ୍ କରି ଉଠିଲେ-
ଚୁରୁଟ୍‌ର ଧୂଆଁ ଛାଡ଼ି
"ଏଥିରେ ବା ନୂଆ କଣ, ଆଶ୍ଚର୍ଯ୍ୟ କେଉଁଠି
କାହିଁକି ଯାଉଛୁ ଭୁଲି ପେଲୋପନିସେସ୍ କଥା
କିଂବା କାଲିକାର କଥା; ଅନ୍ୟର ଖପୁରି ହେବା ମଦ୍ୟପାତ୍ର,
ହାଡ଼ରେ ବୋତାମ ଆଉ ତନ୍ତୁରେ ଗିଟାର୍
ଏ ଆମ ଆଦତ୍ କଥା- ତୁମେ ଯାକୁ ହବି କହିପାର ॥"

'ନୁହେଁ ତ ଆଉ କଅଣ- ପାଗ ଆଜୁ ଖୁବ୍ ଭଲ ଅଛି'
ଚକ୍ରପରି ଚକ୍ଷୁ ଘୂରେ, ବଖାଣିଲେ ବଦ୍ରୁଦ୍‌ଦିନ୍ ଭୋର୍‌ଚି ॥

'ମୋତେ ତୁମେ ଦୟା କର
ହେ ଅକ୍ଷର ଅନନ୍ତ ଅଚ୍ୟୁତ'
କହିବାକୁ ଯାଉଁ ଯାଉଁ ସ୍ୱର ମୋର ମରିଗଲା
ଗନ୍ଧ ଆଉ ଆଇନାରେ ଭାରାକ୍ରାନ୍ତ ସମସ୍ତ କୋଠରୀ

ଜାଲର କପୋତ ପକ୍ଷୀ (ଗୁରୁ ମୋର)
ଦେହ ମାଂସ, ମନ ଆତ୍ମା ଆଜି ଶେଷକୃତ୍ୟ ॥

ମୋତେ ତୁମେ ଧ୍ୱଂସ କର ହେ ମୋର ଅନ୍ଧାର,
ଭାଙ୍ଗି ଦିଅ ଚୂର୍ଣ୍ଣୀଭୂତ କରି
ତୁମରି ସଂଗୀତ ସୁରେ, ରିକ୍ତ ସିଂଫନିରେ ॥

ମୁଁ ହୋଇଛି ଛିଡ଼ା ଏଠି ଅନେକ ଶତାବ୍ଦୀ ଧରି
ମୋ ପ୍ରାଣର ଜୁଳୁଜୁଳିଆ ଲଣ୍ଠନରେ ବତୀ ସଜ କରି ॥

ଆଶ୍ରୟହୀନ ରିଫ୍ୟୁଜି ଡେଇଁ କେତେ ଆକ୍ଷାଂଶ, ଦ୍ରାଘିମା
ଗୃହହୀନ ବିଦେଶୀର ଭୀତ ମନ, ସହସା ମୃତ୍ୟୁର ଡର
ଏବଂ ନିଜ ଅନନ୍ତ ତୁଚ୍ଛତା କଟେ କିୟଦଂଶ
ଯଦି ଏ ପୃଥିବୀ ଆଉ ନୀରବ ଆକାଶ ପରି
ଉଦାସୀନ ହୁଏ ମନ,
ଶୂନ୍‌ଶାନ୍ ଖାଁ ଖାଁ ପଥର ଚଟାଣ ପରି
ନିରୁତ୍ସବ ନିମେଷର ନିଶ୍ଚିନ୍ତ ଆସର ॥

ଯେହେତୁ ପ୍ରତ୍ୟେକ ରାସ୍ତା ଶେଷେ ସରେ ଲକ୍ଷ୍ୟହୀନତାର
ଯେହେତୁ ଆକାଶ ଶେଷ ଯେଉଁଠାରେ ମୃତ୍ୟୁ ହାଇମାରେ
କାହିଁକି ବା ଏତେ ଚିନ୍ତା କେଉଁ ରାସ୍ତା ତୁମେ ନେବ ବାଛି
ଅସଲ ସତ୍ୟ ହେଉଛି ଭିତରର ଅଥୟତା, ଲକ୍ଷ୍ୟହୀନ ଗତି
କେଣେ ଯିବ ଭୂତ ପରି, ପ୍ରେତ ପରି, ପିଶାଚୁଣୀ ପରି
କେତେ ଯେ ଶତାବ୍ଦୀ ଡେଇଁ, ପାରି ହୋଇ ସ୍ତୂପ, ଚୈତ୍ୟ
ବିହାର, ମନ୍ଦିର, ଗୀର୍ଜା, ଇଥାକା, ସାର୍ସ ଦେବତା
ଇସ୍ତର ଓ ରାଆ ଏବଂ ମୁଆଜ୍ଜିନ ବାରାଣସୀ ସାଂଚୀ ॥

ଅବଶ୍ୟ ଫରକ୍ ଅଛି ଦେହ, ମନ ଜୀବନ ନାଡ଼ିରେ
ସେ ଫରକ୍ ମାତ୍ର ଜାଣ ଅର୍ଥହୀନ ନିଜେ ହେବା

ଏବଂ ତା' ଜାଣିବା
ଅନ୍ୟ ପକ୍ଷେ ଅର୍ଥହୀନ ହୋଇ ମଧ୍ୟ ନିଜେ ନ ଜାଣିବା
ସେ ଫରକ୍ ସିଂହ ବା ବାଘ ଶିକାର
ସମୁଦ୍ରରେ ତିମି ମାଛ ମରା
ଭାଗବତ ଚଣ୍ଡୀ ପାଠ, ସର୍କସର ଷଣ୍ଢ ସାଥେ ଲଢ଼ି
'ଆରେନା' ଓ ରଥ ରେସ୍, ପ୍ୟାଂଟୋମିମ୍, ରାଜା ନିଜ ଦାଢ଼ି ॥

ବେଳେ ବେଳେ ନିଦ ତୁଟେ-ପ୍ରଶ୍ନ ଆସେ
"ମୁଁ କାହିଁକି ନିତି ନିତି ଓଲୁ ପରି ଖଟଣି ଖଟୁଛି
ଦ୍ୱିତୀୟ ମଧ୍ୟାହ୍ନ ପରେ ମୁଁ ଗଧ ବେଚାରା କିଆଁ
(ହାଡ଼ର କବ୍‌ଜା ସକଳ କେଁକଟ କଲା ସତ୍ତ୍ୱେ)
ରାମା ଦାମା ସାଙ୍ଗେ ମିଶି ହସ ଖୁସି, ଲୁହ ଓଟାରୁଚି ॥

ଯେଉଁମାନେ ନିଶ୍ଚିତ ସେ ସେମାନଙ୍କୁ ଜନମ ନ ଦେଇ
ପୃଥିବୀର ଅନ୍ୟ ଚାରା କିଛି ହିଁ ନ ଥିଲା
ସେମାନେ ନାଚିଲେ ଯଦି ଷ୍ଟେଜ୍‌ପରେ
ଇତିହାସ, ତମ୍ବାପଟା ଓ ପୋଥିପତ୍ରରେ
ଯେତେ ନିଶ, ଦାଢ଼ି, ମୁଛ ନକଲି ସ୍ତନ ଓ ଶାଢ଼ୀ
ମୁହଁରେ ତୃପ୍ତିର ହସ, ଫୁଲାଫୁଲା ଗାଲ
ସେତେବେଳେ ମୋ ଆଗରେ ସମସ୍ତ ନିଷ୍ଫଳ ବନ୍ଧ୍ୟା
ବାଲି ଆସି ଜମା ହେଲା- 'ହେଲୋ ହେଲୋ' କହି
ମୋର ମନେ ପଡ଼ିଲାନି ମାନିଲା କିଆଁ ପିନ୍ଧିଲି
ବିଭୂତିଭୂଷଣ ଆଉ ଚନ୍ଦ୍ରଚୂଡ଼ କୌପୀନ ଡମ୍ବରୁ
ଏବଂ ଶମଶାନ ଛାଡ଼ି କେବେ କାନରେ ପିନ୍ଧିଲି
ମୋଟା ଚମ୍ପା ଫୁଲ, ମଣିବନ୍ଧ ସଜ ମଲ୍ଲୀମାଳ।

ମିଷ୍ଟର, ମିସେସ୍ କୃଷ୍ଣ
ତୁମେ ମୋତେ ଫେରାଅ ହେ ମୋ ମରଣ ଶେଷଥର
ମୋତେ ଡାକେ ପକ୍ଷୀ ଓ ଆକାଶ

ସବୁଥିରେ ସ୍ୱର ମୋର, ସବୁ ସ୍ୱର ମୋହରି କାନ୍ଦଣା
ଆଜି ମୋତେ ଭୁଲାଅ ହେ ନାମ ଧାମ
ଦିଅ ମୋତେ ବିସ୍ମରଣୀ, ଭୁଲେ ମୁହିଁ
ମୋ ଜନମ, ମୋର ମୃତ୍ୟୁ, ବାପ ମାଆ, ଦେଶ ଓ ପ୍ରେରଣା
ଯେତିକି ଖଣ୍ଡିଆ ଭୂତ, ସ୍ୱର୍ଗଦୂତ, ଯେତେ ବାଟବଣା ॥

ଖ୍ରୀଷ୍ଟାବ୍ଦ ତିନିଶ ପାଞ୍ଚ,
ଲଣ୍ଡାମୁଣ୍ଡ ଭିକ୍ଷୁ ଏକ ଆସିଥିଲେ
ଆମ ଗାଁ ଗୋଡ଼ିବାଣପୁର
ସେ କହିଲେ "ଜୀବନଟା ନିଜର କେନ୍ଦ୍ରବିନ୍ଦୁକୁ
ଭୟଙ୍କର ଏକ ବଙ୍କା ରାସ୍ତା।"
ମୃତ୍ୟୁ ବୋଧେ ସିଧା ରାସ୍ତା
ଏବଂ ପ୍ରତି ଜନମରେ ଘାସ ଓ କାଦୁଅ ଜେଲି
ଯେତେ ଯେତେ ପୂର୍ବ ଜନମର
କିନ୍ତୁ ଆଜି ମୋର ମନେ ପଡୁନାହିଁ
ଏଇ ଯେତେ ବସ୍ତୁ ଓ ଧାରଣା
ମୋତେ ଚଉପାଶେ ଘେରି
ମହାକାୟ, ବିକୃତ, ବିଭସ୍ତ
ଯେତେକ ପଦାର୍ଥ ଏଠି କାହାର ନାଆଁଟି କ'ଣ
ନାମହୀନ ବସ୍ତୁର ସମୁଦ୍ର ଆଉ ଘୂର୍ଣ୍ଣି ବୁକେ
ଶେଷ ଆଜି ଜୀବନର ଯାତ୍ରା ପଥ
ଓ ଆରମ୍ଭ ବିସ୍ମୃତିର, ମୁଁ ମନୁର ବଂଶ।

ସମୟ ଫେରେ ନି କେବେ, ଫେରେନାହିଁ ତା' ରୁକୁଣା ରଥ
ମୃତ୍ୟୁ ନୁହେଁ ଜୀବନର ପ୍ରାୟଶ୍ଚିତ, ମନେରଖ ହେ ଜଡ଼ ଭାରତ ॥

ଅନେକ ନାଁମୋର ମୁଖସ୍ଥ ଥିଲା
ଘର, ଗଛବୃଛ ସାଙ୍ଗ ସାଥୀ
ଗାଁ କୂଳ ସଜୋଇ ଓ କିଆବଣ, କନିଅର

ସବୁର ବିସ୍ମୃତି ପରେ, ସମୟର ମାନପତ୍ରେ
ଆଜି ଖାଲି ସଂକେତର କ୍ଷୀଣ ପ୍ରତିଶ୍ରୁତି ॥

ଘଣ୍ଟା ଘଣ୍ଟା ଧରି ମୁଁ ଚୁପ୍‌ଚାପ୍ ବସି ଦେଖିଛି
ନେଳିଆ ଆକାଶରେ, ଦୂରରେ... କେତେ ଦୂରରେ
ଆମ ପାରା ଭାଡ଼ିର ପାରା ଘୁମ୍ ଘୁମ୍ କରି
ଉଡ଼ି ଉଡ଼ି ପ୍ରାୟ ମିଳେଇ ଯାଆନ୍ତି
ଦୂବଘାସ କେନାଏ ଦାନ୍ତରେ ଛିଣ୍ଡାଇ ଛିଣ୍ଡାଇ
ନଈବନ୍ଧ ସୋରିଷ କିଆରୀରେ ବସି ବସି ମୁଁ ଦେଖିଛି
ମଙ୍ଗ ମୋଡ଼ି, ଛୋଟ ଛୋଟ ଆହୁଲା ପକେଇ
ମୋ ବୁଢ଼ୀ ମାଆ ପରି ଧୀରେ ପାଦ ଥାପି ଥାପି
ନଈ ଆରପଟୁ ଆସୁଥିବା ନାହା
ଚହଲା ପାଣି ଓ ସାମାନ୍ୟ ଚବ ଚବ
ସ୍ୱର୍ଗରୁ ଆସେ କି ରଥ ନେବାପାଇଁ ଅର୍ଦ୍ଧପଥୁ
ପାଛୋଟି ଆଦର କରି ଧର୍ମରାଜ ପୂଣ୍ୟ ବଇଭବ ॥

ମନେହୁଏ ମୁଁ ଗଲିଣି କୁଆଡ଼େ ଉଭାନ ହୋଇ... ଆଉ ନାହିଁ
ଅଛି ମୋର କାଠ ଘୋଡ଼ା ଯିଏ ଶତ ଚେଷ୍ଟାସତ୍ତ୍ୱେ
ପିଇଲାନି ଟୋପାଏ ବି ପାଣି
ଆଉ ମୋର ନୃତ୍ୟପ୍ରିୟ ବିଦୂଷକ ଯିଏ ନାଚେ
ଥେଇ ଥେଇ ଯେବେ ମୁଁ ଚାହିଁଛି
ଅଥବା ଗ୍ରାମ୍‌ର ସେଇ ଛୋଟ ଝିଅ
ଗ୍ରାମ୍ ଯା'ର ଭାଙ୍ଗିଗଲା ଟେବୁଲରୁ ପଡ଼ି
ସେମାନେ କଅଣ ସତେ ମୋଠାରୁ କମ୍ ସତ ?

ସେମାନେ ବି ଦେଖିଛନ୍ତି ଇନ୍ଦ୍ରନୀଳ ଆକାଶ ଓ ଧାରାଶିରାବଣ
ସେ କାଠଘୋଡ଼ାର ଯେତେ ପଥଶ୍ରମ
ବିଦୂଷକ ଛପାଇବା ଲୁହ
ଗ୍ରାମ୍‌ର ଭଙ୍ଗାଚକ, ଝିଅଟିର ବିଷାଦ ଓ କୋହ

ମୋ ଭିତରେ ଗଜା ମାରିଛନ୍ତି;
ପତ୍ରର ମର୍ମରରେ ମୁଁ ମର୍ମରିଛି;
ମନେ ହେଉଛି ମୁଁ ସେ ପତ୍ରର
ମର୍ମରିତ ଶିହରଣ ହେତୁ
ଚେରର ଅନ୍ଧାରଠାରୁ ଆଲୋକର ଶାଗୁଆକୁ ସେତୁ ॥

ଫେର୍ ସେଇ ରାସ୍ତାରେ ମୁଁ ଆଜି ଉଭାନ
ଗାଁ ଦାଣ୍ଡେ ଧୂ ଧୂ ବୈଶାଖର ଧୂଳିରେ
ପହିଲି ଆଷାଢ଼ର ପ୍ରଥମ ଟୋପା,
ସଂଗୀତର ଆକାଶର ନିଃଶ୍ୱାସ, ଚିତ୍ରର ନୀରବତାର ନିର୍ଯ୍ୟାସ
ଯେଉଁଠି ସବୁ ଶବ୍ଦ ନିଃଶେଷ
ତା'ପରେ ଆଉ କି ଲୋଡ଼ା ଆଶା, ଆଶ୍ୱାସନା
ବ୍ରୀଡ଼ା ଭୟ, ଭୀତି ଦୀର୍ଘଶ୍ୱାସ ?

ଅନୁଭବରୁ ପ୍ରତିମା ଯାହାକୁ ଦେଖିହୁଏ
ପ୍ରତିମାରୁ ଶବ୍ଦ ଯାହାକୁ ଶୁଣିହୁଏ
ଯାହା ହୃଦୟର ବେଢ଼ାକୁ ଡେଇଁ, ପୁଣି ଗଛକୁ ଫେରି ଚାହେଁ
ସେଇ ଏକା ତାରା ଓ ପ୍ରାଣର ମିଳନ ତୀର୍ଥ ॥

ଆମର ସବୁ ଫମ୍ପା ମାଠିଆ ଏଠି ଗଢୁଛନ୍ତି
ତୁମେ ଜଳ;
ଭିତରେ ଆମର ଚୈତ୍ର ଆଷାଢ଼ ମାଘର ବିଭିନ୍ନ ଦାବୀ
ଅନେକ ଦ୍ୱନ୍ଦର ଛକ;
କେମିତି ବର୍ଷିବାକୁ ହୁଏ
କେମିତି ଜଳିବାକୁ ହୁଏ
କେମିତି ଜିଇବାକୁ ହୁଏ
କେମିତି ମରିବାକୁ ହୁଏ-କିଏ ଜାଣେ ?
କିଏ ଜାଣେ ?

କାହିଁ ସେ ପ୍ରାଣ ଯା’ ଭିତରେ
ସଂଜୁଆ ତାରା ଆଜି ଫୁଟିବ ?
କାହିଁ ସେ ଆତ୍ମା ଯା’ ଭିତରେ
ପବନର ମର୍ମରିତ ଶିହରଣ ଗୁଣୁ ଗୁଣୁ ହେବ ?

କାହିଁ ସେ ଦେହର ଉପକ
ଯା’ ଉପରେ ଅନୁଭବ ଉଚ୍ଛନ୍ନ-ଝରଣା
ଡେଇଁ ଡେଇଁ ଗୀତ ଗାଇଯିବ ?
କାହିଁ ସେ ମନର ଗଛ
ଯା’ଉପରେ ପୃଥିବୀର ଲତା ମାଡ଼ିମାଡ଼ି ସୂର୍ଯ୍ୟକୁ ଛୁଇଁବ ॥

ଆମେ ଖାଲି ଭଙ୍ଗା ଘର,
ପ୍ରାସାଦର ଜରାଜୀର୍ଣ୍ଣ ପ୍ରାଚୀର ପରିଖା
ଶୂନ୍‌ଶାନ୍ ଫାଙ୍କା ଘରେ କେଉଁ ରନ୍ଧ୍ରେ ଆଲୋକର
କ୍ଷୀଣ ଏକ ରେଖା ॥

(ସମବେତ କଣ୍ଠରେ)
ଆମର ସରିଛି ଦିନ ବସ୍ତୁ ଆଉ ଧାରଣାର ସକଳ ଫିସାଦି
ଆମର ସରିଛି ଆଜି ହସ କାନ୍ଦ, ବେଦନା ଓ ଆନନ୍ଦ ମିଆଦି
ଆମର ସରିଛି ଦିନ ପ୍ରତିମା ଓ ପ୍ରତ୍ୟୟର ଯେତେକ ଭରସା
ଆମର ସରିଛି ଆଜି ନିଜର ପ୍ରକାଶ ପାଇଁ ଯେତେ ପରିଭାଷା
ଆମର ସରିଛି ଆଜି କାର୍ଯ୍ୟ ଆଉ କାରଣର ବେକାର ସିରସ୍ତା
ଆମର ସରିଛି ଯେତେ ଆଶା ଆଶ୍ୱାସନା ଖୋଜା ଅଯଥା ହିନସ୍ତା ।
ଆମର ସରିଛି ଦିନ ନିରଦ୍‌ବିଗ୍ନ ଲଗ୍ନ ଯେତେ ସାଧନା ଓ ସିଦ୍ଧି
ଜୀବନ ଓ ସପନର ସମସ୍ତ ଦଲିଲ ପତ୍ର
ବନ୍ଧ୍ୟା ମୁହୂର୍ତ୍ତ ସକାଶେ ହୋଇଛି ତମାଦି

(ଦୁଇ)

ବାପା ମୋର ଇହଲୀଳା ସାଙ୍ଗ କଲେ
ତେରଶ ତିନି ଶକାବ୍ଦ, ରାତି ତିନିଟାରେ
ସେଦିନ ଥିଲା ଶ୍ରାବଣ ଚତୁର୍ଦ୍ଦଶୀ ଘନ ଘୋର ଅମାନିଶି
ମୋ ପାଖରେ ଥିଲେ କାହିଁ ଆଉ କେହି
ଆକାଶର କଳାରଙ୍ଗ, ବିଜୁଳି ଓ ଅଥୟ ପବନ ସବୁ
ଏକାକାର ହୋଇ ମୋତେ ଅଥୟ କରିଲେ ॥

ସଂଜବେଳ ପହରରେ ଆକାଶରେ ଦି'ତିନିଟା ତାରା
ମଳିନ ଓ ଜିକିଜିକି, ଅନ୍ଧାରର କନ୍ଥା ଘୋରି ହେଇ
ପୃଥିବୀ ପଡ଼ିଲା ଶୋଇ, ଖୁଁ ଖୁଁ ଖଣ୍ଡିକାଶ
କ୍ଷୟକାଶ; ବାପା ଥିଲେ କଲିକତା ଚଟକଲେ
ମାଆଙ୍କୁ ଦେଖିବା ସ୍ମୃତି ମନେ ନାହିଁ ମୋର
(ପଡ଼ିଶାର କଲିକତି ଚାକିରିଆ ଦାମା କହେ
ବାପା ବେଳ କାଟୁଥିଲେ ସହରର କେଉଁ ଏକ କୁଖ୍ୟାତ ଗଳିରେ)
ଝାଟିମାଟି କାନ୍ଥରେ ଡେଇଁଲା ଛାଇ ନାନା ଜାତି
ଅଳନ୍ଧୁରେ ଶ୍ୱାସରୁଦ୍ଧ ହାରିକେନ୍ ଜଳେ
ପିଂଗଳାର ରାତି ଜଳେ, ମୁଁ ଜଳିଲି ପଡ଼ିଶାଘର
ନୁଆଣି ଛାତତଳେ, ଚମ୍ପାବତୀ ଦେହ ତାପେ
ଛିଣ୍ଡା ମଶିଣାରେ ॥

ସମସ୍ତ ଜ୍ୱଳନ ଶେଷେ ପାଉଁଶର ଧୂସରତା
ସତେ ଏକା ନିଶ୍ଚିତ ଜୀବନ;

ବାକୀ ସବୁ ବସ୍ତୁ ଅବା ଧୂମ ଅବା ଅଗ୍ନି ଓ ଜ୍ୱଳନ
ସବୁ ମିଛ, ସବୁ ଖାଲି ଅର୍ଥଭେଦ
ଭେଦ ଯେତେ ଗୁଣ ଓ ପ୍ରକାର
ଜ୍ୱଳନର ଶେଷ ଖାଲି ମହାସତ୍ୟ
ସତ୍ୟ ଖାଲି ରତିକ୍ଲାନ୍ତ ଦେହର ପାଉଁଶ,
କୋକେଇରେ ବୁହାହୋଇ ପୋଡ଼ ହେବା, ବୋତା ହେବା
ନିର୍ବିକାର, ନିର୍ଲିପ୍ତ ଶ୍ମଶାନେ,
ସତ୍ୟ ସେଇ ପାଉଁଶ ଓ ହାଡ଼ର ସମ୍ପତ୍ତି
ସ୍ଥିତିର ରୂପ ଓ ନାମ ସବୁ ମିଛ
    ସତ୍ୟ ଖାଲି ଶୂନ୍ୟତା, ଅସ୍ଥିତି ।।

ମନେପଡ଼େ ତିକ୍ତଖିଆ ଭାଇମାନେ ହେଲେ ମୋ ଭରସା
ତିନିବକ୍ତ ଖିଆପିଆ, ତିକ୍ତଖିଆ, ଦଶ, ଏକାଦଶ;
ଚମ୍ପାବତୀ କାନ୍ଦିଥିଲା ମୋର ବାପା ପାଇଁ,
ନା' ମୋ ପାଇଁ?
ମନେ ପଡୁଅଛି ମୋର ଯେତେବେଳେ
    'ରାମନାମ ସତ୍ୟେ ହୈ'
ରଡ଼ି ରଡ଼ି ଆମେ ଦଳେ ଭୂତ ଗଲୁ, ତା'
ଖିଡ଼ିକି ସମାନାରେ; ପୁଣି ଯେବେ ରୁଇ ଶୀତଳାଇ
ଗଲି ସଂଜୋଇ ବାଲିକୁ
ସୂର୍ଯ୍ୟ ଉଠି ସାରିଥିଲେ;
ସଂଜୋଇର ସକାଳର ଶୀତଳ ପବନ
କୁନି କୁନି ଢେଉ ଆଉ ମଇଁଷିର କ୍ଷୀଣ ଟିପା ସ୍ୱନ ।।

ସତେ କ'ଣ ସେ ସକାଳ ଓ ସେ ସୂର୍ଯ୍ୟ
ଜାଣି ନଥିଲେ ଯେ ମୋର ବାପା ଯା'ର ନାମ ନିଧି ଦାସ
ସିଏ ମରି ଯାଇଥିଲା କଣ୍ଟାର ମୁକୁଟ ନାଇ
ମୁଣ୍ଡେ ତା'ର ଭାରି କ୍ରସ୍ ବୋହି
ତେରଶ ତିନି ଶକାବ୍ଦ

ଶ୍ରାବଣ, ଚତୁର୍ଦ୍ଦଶୀର ରାତି ତିନିଟାରେ
ସତେ କ'ଣ ଫୁଲ ସବୁ ଏ ଖବର ପାଇ ମଧ୍ୟ
ହସୁଥିଲେ ଦାନ୍ତ ନିକୁଟାଇ
ଆଉ ସବୁ ଘାସ ପତ୍ର ଥରୁଥିଲେ
ଓଦା ଓ ଫୁଙ୍ଗୁଳା ଦେହେ
କଅଁଳ ଛନଛନିଆ ସକାଳର
ଅଶାନ୍ତ ଓ କରୁଣ ହାୱାରେ ॥

ରାଜଧାନୀ ପରିକ୍ରମା କରିଯାଇ ରାଜପୁତ୍ର ଗୌତମ ଦେଖିଲେ
ରୋଗୀ, ବୃଦ୍ଧ ଆଉ ଶବ ଦିନାକେତେ ତଳେ ॥

ଖଣ୍ଡି ଯେ ଖଣ୍ଡି ତୋ'ର ପିଞ୍ଜରା କାଠି
ଖାଉଣ ଥିବେ ଶ୍ୱାସ ଶୃଗାଳ ବାଣ୍ଟିରେ... ଏ... ଏ... ଏ
ଗଲେଣି ତୋ' ସଙ୍ଗତୁ...

ସେଥିରେ ବା କ'ଣ ଯାଏ ଆସେ ?

ବାପା ମୋର କହୁଥିଲେ ସଦାବେଳେ
ମାଟିର ଏ ଘଟ ଦିନେ ମିଶିବ ମାଟିରେ
ଏବଂ ମୋର ମନେପଡ଼େ ଅନେକ ଶ୍ରାବଣ ସଂଜ ଓ ସକାଳେ
ପିଣ୍ଡାରେ ଚଟେଇ ପାରି ଖଞ୍ଜଣୀ ମାଡ଼ ଓ ଯେତେ
ଗଂଜେଇ ଚିଲମ
ଅଣାକାର ଭଜନ ଓ ଅବନା-ବନାର ଚର୍ଚ୍ଚା...
ବାଇମନ ହୋ
ବାଇମନ ହଂସକୁ ଖେଳା, ବାଇମନ ହୋ
ହଂସ ଉଡ଼ିଗଲେ, ହଂସ ଉଡ଼ିଗଲେ
ହଂସ ଉଡ଼ିଗଲେ ବୁଡ଼ିବ ଭେ... ଏ...ଏଲା-
ବାଇବନ ହୋ ॥

ତଥାପି ଅଶାନ୍ତ ରାତି ପୁଣି ଆସେ
ପୁଣି ମୋତେ ଡାକେ ଚମ୍ପାବତୀ
ଥରାଏ ସ୍ନାୟୁ ଓ ତନ୍ତୁ ଜଘନ ଓ ସ୍ତନ ତା'ର;
ମୋ ଚିନ୍ତାର ମାର୍ଜିନରେ
ଦେହ ମାଂସ ସ୍ମୃତି ତାର ଗାରିଆମାରିଆ ॥

ବେଦନାର ସ୍ୱରବର୍ଣ୍ଣ ଉଚ୍ଚାରଣ ମୁଁ ଶୁଣିଲି
କାନକୁ ତଳେ ଲଗେଇ ସରୁ ବାଲି ଫୁସ୍‌ଫାସ୍ କଥା
ସମୁଦ୍ରର ସଙ୍ଗମରେ ନିବିଡ଼ ଓ ଅହେତୁକ ମଉନ ଚିତ୍କାର
ଭଙ୍ଗାକାଠ, ଚଢ଼େଇ ଓ ଚିକ୍‌ଚିକ୍ ମାଛ ଦେହ
ଅନେକ ଫର୍ଣ୍ଣ ଓ ଜେଲି, ଶାମୁକାରେ କ୍ରନ୍ଦନର ସ୍ୱର ॥

ଗୋଧୂଳିରେ ମଳିନ ଆଲୁଅ ଅବା ମଧ୍ୟରାତ୍ରି ପରେ
ମୁମୂର୍ଷୁ ହାରିକେନ୍‌ର ଆଲୁଅରେ ଯେତେ ତନ୍ତ୍ର ପୋଥି
ଗୁଣି ଓ ଗାରେଡ଼ି ଯେତେ, ସମ୍ମୋହନ, ଉଚ୍ଚାଟନ
ବଶୀକରଣର ମନ୍ତ୍ର, ଚଉଷଠୀ କାମକଳା ଯେତେ ଦେହ ଗ୍ରନ୍ଥି ॥

ସେ କହିଲା "ସତ କଥା ନର୍ସ ଆଉ ମେଡ଼ିକାଲ ଛାତ୍ର ତୁମେ
ଯେତେ ଯାହା ଶୁଣାଯାଏ ଆମ ସଚ୍ଚିବାବୁ
ଆଉ ସେ ଫୁଲେଇ-ରାଧି ପ୍ରତିଭା ପ୍ରଧାନ ନାଁ ଯୋଡ଼ି;
ଛାଡ଼ ବାବୁ ଆମର ବା କ'ଣ ଯାଏ ଆସେ ॥"

ସବୁ ସେଇ ଏକାକଥା, ଅଜଣା ନାରୀର ପାଇଁ
ପଥର-ଢ଼ିମା ଓ ତୀର ବର୍ଚ୍ଛା ଧନୁ ଯେତେକ ଲଢ଼େଇ
ଯେତେ ସ୍ୱର୍ଣ୍ଣଲଙ୍କା ଜୁର, ଯେତେ ହତ ରାବଣ ଅସୁର ॥

ମୁକ୍ତି ସତେ ମୃତ୍ୟୁ ଦେଇ ଅବା ଖୋଜି 'ଯୁଗନନ୍ଧ ମହାସୁହ' କଥା
ସହଜିଆ ପନ୍ଥା ଯେତେ ଶ୍ୟାମ କାହ୍ନୁ ଅଜ୍ଞେୟ ବାରତା
ଏକାକଥା, ଏକାକଥା ମୁକ୍ତି ଆଉ ରତି
ଆଜି ଶେଷ ଦୁହେଁ କିନ୍ତୁ, ଲୋଡ଼ା ମୋର ଚତୁର୍ଦ୍ଦଶୀ ରାତି ॥

ବାପା ମଧ୍ୟ ଗାଉଥିଲେ ଭାଗବତ
କର୍ମ କଷଣ ଦେହ ସହେ
ଅରଣ୍ୟେ ଅଜଗର ପ୍ରାୟେ ॥

ଅସଂଖ୍ୟ ଅସଂଖ୍ୟ ନଦୀ, ସଂଖ୍ୟାହୀନ ଜଳସ୍ରୋତ,
ଅସଂଖ୍ୟ ଝରଣା
କେତେ ପଥ, କେତେ ଦୂର କେଉଁଠି ଆରମ୍ଭ
ଆଉ କାହିଁ ଶେଷ
ପାହାଡ଼ ପଥର ରାସ୍ତା, ସମତଳ ଢାଲୁ ଓ ଉଠାଣି
ଏକଇ ସମୁଦ୍ର କିନ୍ତୁ ଡାକ ତା'ର ହାଡ଼ ତଳେ ମାଂସ ତଳେ
ସ୍ନାୟୁ ଓ ତନ୍ତୁରେ ତା'ର ଜୁଆର ଉଜାଣି ॥

ତେଣୁ କିବା ଯାଏ ଆସେ
କେଉଁ ନଦୀ କେଉଁଠୁ ବାହାରେ
ତେଣୁ କିବା ଯାଏ ଆସେ
କେଉଁ ପଥ ବହି ଆସେ ସେ ନଈର ସୁଅ
ପାହାଡ଼ ପଥର ଡେଇଁ, ନଉକା ଓ ନାଉରୀର ଗୀତ ଶୁଣି
କେତେ ଦେଶ ଦେଶାନ୍ତର; ଦେଖି ଦେଖି
କେତେ ହସ, ଲୁହ ॥

ପ୍ରତିଭା ପ୍ରଧାନ ଆସେ ଗ୍ରାନାଇଟ୍ ଆଖିରେ ତା'
ବାଲିର ଚାହାଣୀ
ସ୍ଫଟିକ ହାତରେ ଠାରେ ନିର୍ଜନ ପାଇନ୍ ପରି
ଶାନ୍ତିଦାୟୀ ନିର୍ଜନ ମାଇଲ ପରେ ଅନ୍ଧାରର ଖଣି
ସ୍ୱରର ଝରଣା ତା'ର ଓଦାକରେ ମୋ ତତଲା ଲୁହ
ଅଚାନକ ମୃତ୍ୟୁ ଆସେ ଧୂମକେତୁ
ଶହେ ଶାତ ନମ୍ବରରେ, ନାଇଟ୍ ଡ୍ୟୁଟିରେ
ତା' ପାଖ ବେଡ୍‌ର ରୋଗୀ
ବ୍ୟାଣ୍ଡେଜ୍ କାମୁଡ଼ି ଖାଏ ଆଙ୍ଗୁଡ଼ି କାମୁଡ଼ି,

ପଥରରେ ହାଇରୋଗ୍ଲିଫ ଯେତେ ରେଖା
ଚିରା କନା ମାଠ ସିନା,
ଶଙ୍ଖସ୍ତନ ସ୍ମୃତି ରଖେ ଆତ୍ମା ହାତଲେଖା ॥

ଭାବିଲି କାନ୍ଦିବି ମୁହିଁ
ବୁଡ଼ାଇବି ଆଖି ଲୁହେ ଆକାଶର ମରୁଭୂମି ଓ ସୂର୍ଯ୍ୟଦେବଙ୍କୁ
କିନ୍ତୁ ଆସିଲାନି ଲୁହ; ଆକାଶ ଓ ଘାସ ଫୁଲ
ଏମାନଙ୍କ କାମ ହେଲା ମଣିଷର ବେଦନାରେ ହସି ଦେବା
ଥଟ୍ଟାରେ ଉଡ଼ାଇ ଦେବା ଯେତେ ଆଖି ଲୁହ
(ଡାକ୍ତର କହିଲେ ପରେ ଆଖିରେ ନଥିଲା ଲୁହ
ଖଣିଜ ଲବଣ ଯେତେ ସରିଥିଲା ଖାଦ୍ୟ ଅଭାବରୁ) ॥

ସେ ବି ସେଇ ଏକାକଥା-
ତୁମେ ହସ, ଶବ୍ଦର କେତୋଟି ବୀଚି ଇଥାର୍‌ରେ ବିଂଚି
ଅବା କାନ୍ଦ ମନ୍ଦିରରେ, ଗୀର୍ଜା ବା ଚର୍ଚ୍ଚରେ
ପିତୃ ପିତାମହ ସ୍ମରି, ଅବା ସ୍ମରି ଯେତେ କ୍ଷୟ କ୍ଷତି
ତୁମେ କାନ୍ଦ ଲୁଚି ଛପି ଇଥାକା ଓ ସୁମେରୁରେ
ଅବା କାନ୍ଦ ଶମଶାନେ ସୂର୍ଯ୍ୟ ଓ ଆକାଶେ ଚାହିଁ
ନିଧି ଦାସ ପୁଅପରି ଚମ୍ପାବତୀ ଘରୁ ଫେରି
ବାପର ସମାଧି ତଳେ ଲୁଚି ଝାରି ଅସଭ୍ୟ ଅଶ୍ରୁଟି ॥

ସେ ବି ସେଇ ଏକାକଥା-
ତୁମେ କର ରୋଗୀ ସେବା ପଦ୍ମାସନେ, ଅନ୍ତର୍ମୁଖୀ ଦୃଷ୍ଟି ତୁମ
ବ୍ୟାଘଚର୍ମ ଓ କୁଶ ଆସନେ ବସି 'ତତ୍ତ୍ୱମସି' ଜପି
ଅବା କାଟ ଦୀର୍ଘାୟିତ ରଜନୀର ସମସ୍ତ ବେଦନା
ନାମହୀନ ବେଶ୍ୟାଘରେ ଧୋତରା ଚମରେ ବାନ୍ଧି ଆପଣାକୁ
କୁହୁଳାଇ, କୁହୁଳାଇ ଏ ଦେହକୁ ଜାଳି ॥

ସେ ବି ସେଇ ଏକାକଥା-
ଊର୍ଦ୍ଧ୍ୱ ବାହୁ, ଅନାହାରେ ଜୈନ ସାଧୁ ଆତ୍ମ କଷ୍ଟ
ଯେତେକ କୃଚ୍ଛ୍ର ସାଧନା
କାମନାର ନିର୍ବାପନ ନିରଞ୍ଜନା କୂଳେ
ଅବା ଯେତେ ଆତ୍ମହତ୍ୟା ଝୁଲିପଡ଼ି ଘରର ରୁହ କାଠରୁ
ଗାଁ ମୁଣ୍ଡ ବରଗଛ ଡାଳୁ କିମ୍ବା ଡେଇଁପଡ଼ି
ନଈ ଆଉ ପୋଖରୀକୁ, ମୁଣ୍ଡ ରଖି ଟ୍ରେନ୍ ଲାଇନ୍‌ରେ;
ଇଚ୍ଛା ଶକ୍ତି ବିନିଯୋଗ କରିବାର କିବା ଦରକାର
ଯଦି ମୃତ୍ୟୁର ଅନ୍ଧାର ଆସେ (ପଥ କେବେ ନାହିଁ ଭୁଡ଼େ)
ତୁମକୁ ଡବୁାଇବାକୁ
ନିଶ୍ଚିହ୍ନ କରିବା ପାଇଁ ତୁମରି ନାମକୁ ॥

(ସମବେତ କଣ୍ଠ ସ୍ୱର)
ଏ ଦେହର ଉପାସନା ତେଣୁ ଆଜି ଶେଷ ଆମ
ଶେଷ ମଧ୍ୟ ଯେତେ ଦେହ କଷ୍ଟ
ଫେରିଛି ଆଜି ମୁଁ ଆପେ ବାରଦ୍ୱାର ଶୁଣ୍ଢି ପିଣ୍ଡା
ଡେଇଁ କେତେ ନଗର ଓ ପୁରପଲ୍ଲୀ
ଅଗଣନ ଶତାବ୍ଦୀ ଓ ମନ୍ୱନ୍ତର ଖାଲି ଭୂତପରି;
ଶେଷ ଆଜି ଦେହ ଚିନ୍ତା, ମନ ଓ ଆତ୍ମାର ଚିନ୍ତା
ଶେଷ ଆଜି ଏନ୍ଦୁଡ଼ି ଶାଳର ଭୟ, ଶ୍ମଶାନ-ବଇରୀ ॥

ଆମର ସରିଛି ଦିନ ଏ ଦେହର ଯେତେ ଉପାସନା
ଯେତେ ଯେତେ ଯୋନି କଷ୍ଟ, ଜନ୍ମ ଜନ୍ମାନ୍ତର
ଆମର ସରିଛି ମାଂସ ରକତର ଆରାଧନା
ଆମର ସରିଛି ଭୟ ଜନ୍ମ, ମୃତ୍ୟୁ ହର୍ଷ ବିଷାଦର ॥

(ତିନି)

"ତୋର ବିନା ଆଉ ମୋର କିଏ ଅଛି
କାହିଁକି ମୁଁ ଯିବି ବଦରିକା
ଯେଣୁ ଏ ସକଳ ତୀର୍ଥ-ପିଣ୍ଡାରକ, ଦ୍ୱାରକା, ପ୍ରଭାସ
ସବୁ ଅଛି ତୋ ଚରଣ ଧୂଳି ତଳେ
ଦାସ ଓ ଆକାଶ ଅଛି ତୋ ଆଖି ପତାରେ
ଯଦି ମୋତେ ଧୂଳି ଓ ଅଙ୍ଗାର ଆଉ
ମରୁଭୂମି ଉପହାସ କରେ"
ସେଦିନ ମୁଁ କହିଥିଲି ମନେ ଅଛି
ପଛରେ ଧ୍ୱସ୍ତ ଦ୍ୱାରକା, ସମୁଦ୍ରର ଉଜାଣି ଜୁଆରେ
ଏରକ୍‌କାର ବନେ ଯେତେ କନ୍ଦଳ ଓ ଭାଇ, ପୁତ୍ର
ମାତା ଓ ମାତୁଳ ନଷ୍ଟ ଯେତେ କ୍ଷୟ, କ୍ଷତି
ନିଃସଙ୍ଗ ପୃଥିବୀ ଆଉ ସାଥିହୀନ ମୁଁ ସଂତପ୍ତ
ମାଡ଼ିଆସେ କାଳ ଅମା ରାତି ॥

ଅଣ୍ଡାଳି ଅଣ୍ଡାଳି ଖୋଜେ ମନତଳେ
ଉଖାରି ଉଖାରି ଖୋଜେ ଦେହ ଲୋମକୂପେ
ମୋ ପ୍ରତ୍ୟେକ ଜୀବକୋଷେ, ପ୍ରତ୍ୟେକ ତନ୍ତୁରେ
କୁଆଡ଼େ ଗଲେ ସେମାନେ,
ଖାଲି ପଡ଼େ ଶ୍ମଶାନର ଆମ ପ୍ରେତ ଘର
ଚୁଲୀ, କାଠ, ରନ୍ଧାହାଣ୍ଡି
ଦରଜା ପାକେ ହଳଦୀ
ଘରର ଚଟାଣ ସବୁ ଲିପାପୋଛା ହୋଇ ନିତିପର ॥

ମୁଁ ଡାକେ ମାନ୍ତ୍ରିକ ମୋର ମାଂସ ରଡ଼ି ରଡ଼ି
"କେଉଁଠି ବସିଛ ତୁମେ ହେ ପୂର୍ବଜଗଣ
ଆହେ ମୋର ପିତାମହ, ମାତାମହ ଯେତେ ମହାଯଶା
ତୁମେ କ'ଣ ଶୋଇଅଛ ଗଛ ଡାଳେ
ଝୋଲାରେ ନା ପାହାଡ଼ ଖୋଲରେ
ନୂଆକରି ମରିଥିବା ତୁମ୍ଭା ଓ ଆମ୍ଭା ଯେତିକି
ତୁମେ ଆସ ଆମର ଭୋଜିକୁ
ଯଦି କିଏ ଗୋଟି ଖଟେ ବା ଜିଅଲ୍ ଭୋଗୁଅଛି
ତାକୁ ସାଥେ ଆଣ ଡାକି
ମଲା କଅଁଳା ପିଲାକୁ ଆଣ ତମେ
କ୍ଷୀର ଖୋଇ ଦେଇ ଆଉ ତେଲ ଓ ହଳଦୀ ମାଖି
ତମେ ଆସ ନାଚି ନାଚି ରଖି ତମ ଦରଖିଆ
କୁକୁଡ଼ା ବା ଘୁଷୁରି, ମଇଁଷି
ଆସ ତୁମେ ଆନନ୍ଦରେ ଆମ କଥା ଟିକେ ଭାବି
ଧାଇଁ ଧାଇଁ, କୁଦି କୁଦି, ନାଚି ନାଚି ଆସ ହସି ହସି ॥"

ହେ ମୋର ବଡ଼ ବଡୁଆ
କାଉଁରିଆ କାଠିର ଏ ସ୍ତିମିତ ଆଲୋକେ
ଅନ୍ଧାରରେ ଆସ ତମେ ଆଲୁଅରେ ଯାଅ
ଗଙ୍ଗା ଆଉ ଗୟା ଯାଇ ତା'ର ପରେ
ବାଇଶି ପାହାଚେ ଯେତେ ଗଡ଼ଗଡ଼ୋଉଥା ॥

ନିଦ ଭାଙ୍ଗିଲାବେଳକୁ ଏ ମନ୍ତ୍ର ଓ ଏଇ ରଡ଼ି ସବୁଶେଷ
ମୋ ଉପରେ କବରର ଶୀତଳ ପାହାଡ଼;
ମୋର ଯେତେ ସ୍ନାୟୁ, ତନ୍ତୁ, କର୍ମ ଓ ଧାରଣା ସବୁ
ଯେତେ ସ୍ମୃତି ଯେତେ ମାଂସ, ହାଡ଼
ସବୁ ଗୋଟେ ଗଦା ହୋଇ ଓ ବାଳ ଝାମ୍ପୁରା କରି
ବସିଅଛି ଆକାଶକୁ ଚାହିଁ ଏବଂ
ଆଙ୍ଗୁଠିରେ ଗଣୁଅଛି ମଲା ତାରା

"ଏକତାରା କତରା ଘୋରା" "ଦୁଇତାରା" ଇତ୍ୟାଦି ଇତ୍ୟାଦି
ପାହାଡ଼ର ଖୋଲ ପରି ଆଖି ଦିଟା ମୋ ଆଡ଼କୁ କରି
ହଠାତ୍ ଉଚ୍ଚାରେ ସିଏ "ଇଏ ମୋଟେ ବେଥଲହେମ୍
ଆହୁରି ଅନେକ ଦୂର ଯାତ୍ରାପଥ
ତୋ ସାଙ୍ଗରେ ଦେଇଥିଲେ ଯେତେକ ଭାତ ଓ ପାଣି
ସବୁ ଶେଷ ସେ ପାଥେୟ
କେମିତି ଯିବୁ ତୁ ଆଗେ ଆରେ ବାବୁ ଅନ୍ଧାରକୁ
ଧୀରେ ଧୀରେ ହାଣି।"
ସେ କହିଲା ତାରାଗଣା ଇତିହାସ ସରିନାହିଁ ତା'ର
ସେ ମୋତେ କହିଲା "ଭାଇ, ମନେଅଛି
ସଂଜୋଇ କୂଳର ସେଇ ନିଧିଦାସ ବୁଢ଼ା କଥା ?
ମନେ ଅଛି ରାଣ୍ଡୀ ଚମାରୁଣୀ ବୁଢ଼ୀ
କନିଅର ମଂଜି ଖାଇ ଯିଏ ମଲା
ମହାମାନ୍ୟ ଯୀଶୁଙ୍କର ଜନ୍ମ ହେବା ନବେ ବର୍ଷ ପରେ ?
(ଧନ୍ୟ ହେ ଈଶ୍ୱର ତୁମ ବୁଦ୍ଧି କଉଶଳ
କେମନ୍ତେ ଗଢ଼ିଲ ବାୟୁ ଆଉ ଜଳ ସ୍ଥଳ)
ଭଙ୍ଗା ସ୍କୁଲ ଘରେ ସଂଧ୍ୟା ମନେ ଅଛି ପ୍ରାର୍ଥନାର ସ୍ୱର ?
ମନେ ଅଛି ଶ୍ରୀକୃଷ୍ଣଙ୍କ ଜନ୍ମଦିନ (ପଞ୍ଚମ ବାର୍ଷିକ)
କେମିତି ଚୁଆରେ ପଡ଼ି ଆଖି କାନ ଖୋସି ଦେଇ
ଖସି ଚାଲିଗଲା ସେଇ ସିଂଘାଣିନାକିଆ ଟୋକା
ଗଣେଶଙ୍କ ପରି ପେଟ, ଦି'ବର୍ଷର ଅଇଁଠୁ ମଳିକ ?"
ଖ୍ରୀଷ୍ଟପୂର୍ବ ତେରଶ ଶତାବ୍ଦୀ କଥା
ଧର୍ମଯାଜକ ସେ ଥିଲେ ନାମ ତାଙ୍କ ମହାଚଣ୍ଡେଶ୍ୱର
ସେ ଠିକଣା କଥା ଏକା କହିଥିଲେ
"ଏ ପୃଥିବୀ ଭଗବାନ ଓ ବେଦନା
ଏ ଦୁଇଟି ଖୁଣ୍ଟରେ ବନ୍ଧା ଗୋଟିଏ
କଷ୍ଟହେଇ ଟଣା ଥିବା ସରୁଆ ଦଉଡ଼ି
ଯେ କୌଣସି ମୁହୂର୍ତ୍ତରେ ଯାହା ଛିଣ୍ଡିଯାଇପାରେ"
ସିଏ ମଧ୍ୟ କହିଥିଲେ ଆଉ ଗୋଟେ କଥା ବଡ଼ ସତ,

(ଯାହାକୁ ଭୁଲିବାପାଇଁ ନିତିଦିନ ଆମେ ସବୁ କରୁଛୁ ପ୍ରଚେଷ୍ଟା)
"ମୃତ୍ୟୁ କେବେ ନୋହିପାରେ ଜନମର ପୂର୍ଣ୍ଣ ପ୍ରାୟଶ୍ଚିତ ॥"

ତେବେ ଆଉ ପଥ କାହିଁ? ମୁକ୍ତି କାହିଁ?
ଯେହେତୁ ପ୍ରତ୍ୟେକ ମୃତ୍ୟୁ ପୂର୍ବୁ ନିଶ୍ଚେ ଜନ୍ମ ସୁନିଶ୍ଚିତ
ତେଣୁ ପାପଭାର ବଢ଼େ ପ୍ରତ୍ୟେକ ମୃତ୍ୟୁର ପରେ
ସମୀକରଣଟି ହେଲା ଏପରି ଯେ ତା' ଭିତରୁ ରକ୍ଷା କେବେ ନାହିଁ;
ଶେଷଦିନ, ଶେଷମୁକ୍ତି ପଥଖାଲି ମିଛେ ଚାହିଁ ଚାହିଁ ॥

ସେଦିନ ସଂଜ
ଘାସର ମସୃଣତାରେ ନିଃଶବ୍ଦ କାକରର ମୂର୍ଚ୍ଛିତ ନିଦ୍ରା
ଆଉ ତାରାମାନେ ସାଧା ଆକାଶରେ
ଆଣ୍ଠୁମାଡ଼ି ବସି ସଂଧ୍ୟା ସ୍ତୋତ୍ର ବୋଲୁଥାନ୍ତି
ଟିକି ଟିକି ଭଙ୍ଗାରୁଜା ଚଉଦ କଡ଼େ କଡ଼େ
(ଠିକ ଯେମିତି ବାର୍ଷିକ ପରୀକ୍ଷା ବେଳେ ଆମେ ସବୁ
ସ୍କୁଲ ହଷ୍ଟେଲ୍ ଆଗ ଫୁଲଗଛମୂଳେ ଲଣ୍ଠନ
ଜାଳି ପାଠ ପଢୁଥିଲୁ।)

ଗାଁର 'ଦିଶାରି' କହିଲା ତାରାଗଣି ଯେ ଯୋଗ ଭାରି ଖରାପ
ତା'ପରେ ବେଜୁଣି ବା 'ଗୁର୍‌ମେଇ' ମୁକ୍ତିପାଇଁ
ଜରାବାର୍ଦ୍ଧକ୍ୟ, ରୋଗ ବାଧକା ମାଡ଼ି ଆଇଲା
ଘରେ ନିଆଁ ନାଗିଗଲା।
ଫସଲ ଇନ୍ଦ୍ରରଜା କୋପରେ ନଷ୍ଟ ହେଲା
ବଘେ ପାଗରେ ବାଘ ମାତିଲା
ଆଉ ମୋ ସନ୍ତାନ ସନ୍ତତି କେହି ବଞ୍ଚିଲେନି ॥

ପୁଣି ଆଜି କେଉଁ ଅଜଣା ମୁକ୍ତିପାଇଁ
ଫେର ସେଇ ଗୁର୍‌ମେଇ
ଲମ୍ବା ତାଲିକା-

ପାଞ୍ଚପଟ କଳା ମେଣ୍ଢା
ତିନିଟା ବେଶ୍ ମୋଟା ଘୁଷୁରୀ
ଚାରିଟା ହଂସ ଓ ତିନିଯୋଡ଼ା ପାରା
ଦି'ପଟ ବୋଦା ନୂଆ ହାଣ୍ଡି ଓ ଭଙ୍ଗା ଖପରା
ଦି'ପୁଟି ଚାଉଳ ଓ ଲିଆ
ଦି'ଭାର ହାଣ୍ଡିଆ
ତିନୋଟି ପୋଢ଼ପିଲା ଓ କେଇଖଣ୍ଡ ନୂଆ କପଡ଼ା ॥

ସବୁ ବିକି କିଣି ସେତିକିରେ ଯୋଗାଡ଼ ଓ ଉପାସନା
ପୁଣି ଶନିଶ୍ଚର ପୂଜା, ହୋମ, ଯଜ୍ଞ ନଇବେଦ୍ୟ
ଧୂପ, ଦୀପ, ଅଗୁରୁ, ସମିଧ
ପୁରୋହିତ, ଧର୍ମଯାଜକ, ନାହାକ ଦକ୍ଷିଣା ॥

ଯେହେତୁ ମୋ ପୁରୋହିତ ଉପଦେଶ ଦେଲେ ମୋତେ
ମହାକାଳୀ ମନ୍ଦିରରେ ପୂଜାପାଠ, ପିଣ୍ଡଦାନ ଦେଲି
କାଳିଙ୍କର ଲମ୍ବା ଖଣ୍ଡା ହଠାତ୍ ବାହାର କରି
ଆୟତାକାର ଗୋଟିଏ ଗର୍ତ୍ତ ମୁଁ ଖୋଳିଲି
ପ୍ରତ୍ୟେକ ମୃତବ୍ୟକ୍ତିର ଆତ୍ମାର ସଦ୍‌ଗତି ପାଇଁ
ସେଥିରେ ଢାଳିଲି ମୁହିଁ ସୋମରସ, ଯବଛତୁ
ରୋଗ ଶୋକେ ସଢ଼ି ସଢ଼ି ଯେଉଁମାନେ ପ୍ରାଣଦେଲେ
ପ୍ରାଣଦେଲେ ପୃଥିବୀର ବେଦନାର କ୍ରସ୍ ବହି ବହି
ଅନେକ ଯୀଶୁ-ସନ୍ତାନ ନାମହୀନ
ତାଙ୍କ ପାଇଁ ପୋତିଲି ମୁଁ ବନ୍ଧ୍ୟା ସାହାଡ଼ା ଗଛଟି
ବଳିଦେଲି କଳା ମେଣ୍ଢା
କଳାରକ୍ତ ହେବ ବୋଲି ବୃକ୍ଷର ଦୋହଦ
ଢାଳିଲି ତା' ଚେରମୂଳେ କଣାକରି ତଣ୍ଟି ॥

ସେମାନେ ଆସିଲେ ଫେରି
ଯୂଥ ଯୂଥ ପଳାତକ ଛାଇସବୁ

ଚୂଡ଼ା କର୍ଣ୍ଣ, ବୀଣାକର୍ଣ୍ଣ, ଠକ୍ ଠକ୍ ଶବ୍ଦକରି
ଇଥାକାରୁ, ସୁମେରରୁ, ହରପ୍ପା ଓ ମହେଞ୍ଜୋଦାରୋରୁ
ଭରା ଦେଇ ତାଙ୍କର ଭଙ୍ଗା ଯଷ୍ଟିରେ;
ଏବଂ ଭଙ୍ଗା ଖପରାରେ
ସମୟର ଦୋଭଜା ଚାଉଳ ଯାହା ଗଜା ହୁଏ ନାହିଁ
ସେମାନେ ଆସିଲେ ଫେରି ରଣକ୍ଷେତ୍ର ଛତ୍ରଭଙ୍ଗ ଦେଇ ॥

ମୁଁ ସେଦିନ ପଚାରିଲି ଧାଡିକାରେ
"ମହାପ୍ରଭୁ, ଏ କିସ କରଣୀ ତୁମ
ଆକାଶ ସୁନୀଳ ଯଦି ଏବଂ ତାକୁ ଦେଖି ଦେଖି
ଆଖିରେ ଲୁହ ଓ ମାଂସେ ପୋକହେଲେ
ଏ ନୁହକି ତୁମ ଅବିଚାର ସାମାନ୍ୟ ମଣିଷ ପ୍ରତି
ଯିଏ ଦୁଃଖୀ, ଚିର ନିରିମାଖୀ ॥"

ସେ କହିଲେ "ହେ ଉଦ୍ଧବ, କେତେ ତୁ ପଚାରୁ
ଉଲ୍କା-ନୀଳ ଆକାଶ ତ କାନ୍ଦେ ସଦା
କାନ୍ଦେ ଯେତେ ଦେବଦେବୀ
କାରଣ ସେମାନେ ସବୁ ଜାଣିଛନ୍ତି ଯେ ସେମାନେ
ଯଥେଷ୍ଟ କ୍ଷମତାହୀନ ଛୋଟ କିରାଣିଟି ପରି
ଲାଞ୍ଚ ନେଉଛନ୍ତି ସିନା କିନ୍ତୁ କିଛି ପାରିବେନି କରି;
ସେମାନେ ବି ଜାଣିଛନ୍ତି
(ଅବଶ୍ୟ ସେ ଜାଣିବାର ବେଶି କିଛି ଅର୍ଥ ନାହିଁ)
ସବୁ ରକ୍ତ ପିଇସାରି, ସବୁ ଭୋଗ ଖାଇସାରି
ସେମାନେ ବି ପୋତିହେବେ ମାଟିତଳେ, ମଣିଷଠୁ
ଅଧିକ ଦୁଃଖଦ ଭାବେ; କାରଣ ମଣିଷ ପାଇଁ
ମିଛେ ହେଉ ପଛେ ତା'ର ଭାଇବନ୍ଧୁ ଲୁହ ଢାଳିଥାନ୍ତି
କିନ୍ତୁ ଦେବତାଙ୍କ କଥା-ସେମାନଙ୍କ ଭିତରେ ତ
ପୁଞ୍ଜିବାଦୀ ସମାଜର ତଣ୍ଟିକଟା,
ଅସୁନ୍ଦର ପ୍ରତିଯୋଗିତା ଓ ଈର୍ଷା;

ତା'ଛଡ଼ା ମଣିଷ କ'ଣ ବିଶ୍ୱାସ କରେ ଅଥବା
ପୂଜା କରେ ଧ୍ୟାନ ଧର୍ମ କରେ
ତା' ସହିତ ତା' ମୃତ୍ୟୁର ରୂପଭେଦ ଓ ବିଳୟ ଗୁଣଭେଦ
ସଂପୂର୍ଣ୍ଣ ସମ୍ପର୍କହୀନ;
ଭଗବାନ ରୂପ ଦେଖି ଚର୍ମଆଖେ
କୃମିବିଷ୍ଠା ଖାଇ ମଧ୍ୟ ମରିପାରେ
ଅଥବା ନାରୀ ଧର୍ଷଣ, ଶିଶୁହତ୍ୟା, ବ୍ରହ୍ମହତ୍ୟା
ପରେ ମଧ୍ୟ ମରିପାରେ ରାଜପ୍ରାସାଦରେ ॥

ତେଣୁ କିବା ଯାଏଆସେ ଏ କାମ ସେ କାମ ଭାଳି
ଯେହେତୁ ସକଳ କର୍ମ ଅର୍ଥହୀନ
ଏବଂ ବେଦନାର ସୀମା ଅନ୍ତହୀନ
ଅନ୍ତହୀନ ଯେତେ ଚେଷ୍ଟା ଠକିବାକୁ ଆପଣାକୁ
ଦେବତା ବି ଋଣ ଦେବ ଯେତିକି ତଗାବୀ
ସେଥିପାଇଁ କ୍ରୋକ ହେବ ମନ, ପ୍ରାଣ
ବନ୍ଦୀ ହେବ ଆତ୍ମାର ପୁଲକ
ଶୁଣ ଶୁଣ ଭାଇବନ୍ଧୁ, ଶୁଣ ମୋର ଅଭିଶପ୍ତ
ମୃତାହତ, ଅତୀତ ଭବିଷ୍ୟତର ସର୍ବ ନଗ୍ନଲୋକ ॥

ତେଣୁ ଏ ସଂଗୀତ ସ୍ୱର, ଏ ଅନ୍ଧାର ଧୂଳି
ସବୁ ମୋ ଆପଣା ସ୍ୱର
ସବୁ କାନ୍ଦ ମୋହରି କାନ୍ଦଣା;
ନିଆଁ ହୁଳା ଓ ଧୂଆଁର ପରିଧି ମୁଁ
କେନ୍ଦ୍ରେ ମୋର ପୃଥିବୀର ଅୟୁତ ବେଦନା ॥

ତେଣୁ ସବୁ ଦେବତାର ପୂଜାପାଠ, ଆରାଧନା ପରେ
ଅବଶିଷ୍ଟ ରହେ ଖାଲି ରାତ୍ରି ଓ ରହସ୍ୟ
ରାତ୍ରିର ଅନେକ ରୂପ
ଜାନ୍ତବ ଅତୀତ ରାତି

ଅଚେତନ ଆବେଗର ରାତି
ପୁଣି ରାତି ଅବିଦ୍ୟାର ନେତି ଓ ମୃତ୍ୟୁର
କଳା ମିଶ୍ ମିଶ୍ ରାତି, ସମୁଦ୍ର ଜୁଆର ସିଏ
ନାହିଁ ଯା'ର କେବେହେଲେ ଶେଷ ॥

ଘଟଣାର ଅଲୁଗୁଣି ବଙ୍କା ତେଢ଼ା ଦଦରା ବାଉଁଶ
ଧରି ରଖେ ସ୍ମୃତିର ଅନେକ ଲୁଗା, ଫଟା ଓ କବଟା ଓ ଯେତେ
ଦୋସିଆଁ ଓ ତାଳିପକା ଦୁଃଖ, ଦୀର୍ଘଶ୍ୱାସ ॥

ପ୍ରଥମ ମଧ୍ୟାହ୍ନ ପରେ, ଦ୍ୱିତୀୟ ସଂଧ୍ୟାର ଶେଷେ
ଆଉ କିବା ଅଛି ଆବେଦନ
ଆଜି ଯେବେ ନଡ଼ାସବୁ ବର୍ଷାରେ ହଠାତ୍ ଓଦା, ଧୂଆଁଳିଆ
ଓ ପବନ ଅବୁଝୁରି ସାଉଁଟି ଭରି ଲାଗିଛି ଶବ୍ଦର ମୁକୁତା;
ହେ ରାଜନ୍ ଆଣ ମୋତେ ସ୍ମୃତି ପଥେ
ଆଜି ଶେଷ ଜନ୍ମ ଜନ୍ମାନ୍ତର ଲାଗି ଦେବତାର ଆରାଧନ
ଘା' ଆଉ କ୍ଷତ ପରେ ମନ୍ତ୍ରର ଆଉଁଷା
ଭ୍ରାଥ ହେ ତୁମରି ରକ୍ତେ ପ୍ରାୟଶ୍ଚିତ କରେ ଆଜି
ଲମ୍ବ ସାର୍ଟ ପଟାବୃତ ନିଜର ବ୍ୟର୍ଥତା ॥

ବୈକୁଣ୍ଠର ଦରଓ୍ୱାଜା ଡେଇଁ ଆସି ଓସ୍ତପୁର ଗାଁ ମୁଣ୍ଡ
ତାଳବଣୀ, ବାଉଁଶ ଝାଡ଼ର ଛାଇ, ବିଲପାଟ ଡ଼େଇଁ
ସ୍ତିମିତ ଅନ୍ଧାର କେଉଁ ଆକାଶର ପ୍ରଶାନ୍ତିରେ
ସମୟର ରିକ୍ତତାର ଅଶ୍ରୁତ ସାନାଇ ॥

ସବୁ ତେଣୁ ଆଜି ଶେଷ...
ନଦୀଘାଟେ କୁହୁଡ଼ିଆ ସକାଳରୁ ସ୍ନାନ ସାରି
'ଜବାକୁସୁମ ସଂକାଶଂ ସ୍ତୋତ୍ର ଗାଇ
ଆଞ୍ଜୁଳାଏ ପାଣି ଢାଳି, ମନ୍ଦିରରେ ଯେତେ ଘଣ୍ଟା ପିଟା
କାଠ ଟୁଲ୍ ଉପରର ବାରସ୍କନ୍ଧ ଭାଗବତ

କାଚବନ୍ଧା, ଚନ୍ଦନରେ ଅର୍ଦ୍ଧ-ମଗ୍ନ ଜଗନ୍ନାଥ ଫଟେଶ
ତୁଳସୀପତ୍ର, ନିର୍ମାଲ୍ୟ, ଯଜ୍ଞ ଆଉ ଉପାସନା,
ଯେତେ ପୂଜାବ୍ରତ ॥

(ସମବେତ କଣ୍ଠସ୍ୱର)
ଆମର ସରିଛି ଦିନ ଶହୀଦର ସାଧୁ ଓ ସନ୍ଥର
ଆମର ସରିଛି ଦିନ ଚାନ୍ଦ୍ରାୟଣ, ପ୍ରାୟଶ୍ଚିତ, କୃଚ୍ଛ ସାଧନାର
ଆମର ସରିଛି ସ୍ୱପ୍ନ, ସ୍ମୃତି ଯେତେ ହଜିଲା ପୃଥିବୀର
ଆମର ସରିଛି ଆଶା ଉଦ୍ଦୀପନା ପ୍ରତିଶ୍ରୁତ ନୂତନ-ସଂସାର ॥

ଆମର ସରିଛି ମୁକ୍ତି, ଅଧୋଗତି ଯୁଗନନ୍ଧ ମହାସୁହ ଚିନ୍ତା
ଆମର ସରିଛି ପାପ, ପୂଣ୍ୟ ଆଉ ସ୍ୱର୍ଗ ନର୍କ ଗାଥା
ଖିରସ୍ତାନ ବସତିର ନିଆଁ ଯେତେ,
ଯେତେ ମାଂସ ସିଂହର ମୁହଁରେ
ଚଉଦ ଅନୁଶାସନ ପାଇଁ ଯେତେ ରୋମକ ସାମ୍ରାଜ୍ୟ ଚିନ୍ତା
ଜିଜିୟାର ଚାବୁକ୍ ଓ ଅସଂଖ୍ୟ ଯଜ୍ଞୋପବୀତ, ବ୍ରାହ୍ମଣ-ପୀଡ଼ନ
ଆମର ସରିଛି ଯେତେ ଆଶା, ସ୍ୱପ୍ନ, ସ୍ମୃତି ସନ୍ଦୀପନ ॥

ମରୁପଥର ସ୍ୱରଲିପି

ମରୁପଥର ସ୍ୱରଲିପି-

(ଏକ)

ଅଧାଜଳା ଦିନର ଶେଷ ଗଳିରେ ବାଟ ଭୁଲି
ଭୀରୁ ମୁହୂର୍ତ୍ତଗୁଡ଼ିକର ଅଳସ ପଦଚାରଣା
ମରୁପଥର ନିର୍ଜନ ସଂଧ୍ୟାରେ ଆସନ୍ନ ରାତ୍ରିର ଭୟ ॥

ସମୁଦ୍ର ବିକ୍ଷୋଭିତ ସ୍ଥିତି ମାନଚିତ୍ରର
କାକଳି, ନୀଳ ସାବ୍‌ଜା-କଳା ଓ ଶାମୁକା
ସୂର୍ଯ୍ୟାସ୍ତର ଜାଲରେ ଅନେକ ବଉଦ ମାଛ
ନବଦ୍ୱାର ସହରର ମନ୍ଦିରର ଚୂଡ଼ା
ଗୋଧୂଳିର ଗୋରଚନାରେ କଟା ଧାନର ଥୁଣ୍ଟା
ସାମୁଦ୍ରିକ ପକ୍ଷୀ ଓ ଶିଉଳି
ଆଜି ସବୁ ଜଳନ୍ତା ଶେଷକୃତ୍ୟରେ
ଫିନିକସ୍‌ର ଡେଣା ପରି ଭସ୍ମୀଭୂତ ॥

ସ୍ମୃତିର ବିଭୂତି ବୋଲି ଅଂଗେ ଅଂଗେ
ତାରାର ବନ୍ଦନା କରେ ଭୀତତ୍ରସ୍ତ ସଂଧ୍ୟାର ମଣିଷ
"ନ ତନ୍ତ୍ର ସୂର୍ଯ୍ୟୋ ଭାତି- ନ ଚନ୍ଦ୍ର ତାରଙ୍କ କୁତୋୟମଗ୍ନିଃ" ॥

ମୁଁ
ମୁଁ ଏକଦା
ଏକଦା ଆକାଶ
ଆକାଶ ନ ହୁଅଇ ଭିନ୍ନ
ନାଶ ହୁଅନ୍ତି ଘଟମାନ
ମୁଁ ଏକ ଘଟ ॥

ଘା' ଉପରେ ମନ୍ତ୍ର, ଶ୍ଳୋକ, 'ସର୍ମନ୍ ଅଫ୍ ଦି ମାଉଣ୍ଟ୍,
ଆହତ ଦିନର ସ୍ତୋତ୍ର ଓ ପ୍ରାର୍ଥନା
ମୃତ ରାତ୍ରିର ଆହ୍ନିକ ଓ ଗଙ୍ଗାଜଳ
ପେଚା, ଚନ୍ଦ୍ର କିରଣ, ତାରାର ନୀଳସ୍ୱର
ଭଗ୍ନଘଟ (ସୁତରାଂ ଆକାଶର ମୃତ୍ୟୁ)ର ଅଶାନ୍ତ ପ୍ରହର ॥

ଦରନିଭା ବତି ଆଲୁଅରେ, ଆଖି ଲୁହ ଧାରେ
ଝର୍କା କରେ ବାଲିର ବିସ୍ମୃତି ଦେଖି
ବସି ବସି ଚିତ୍ର କରେ ଅଙ୍ଗାରରେ ଭଙ୍ଗା ଭଙ୍ଗା
ଭଙ୍ଗା କାତ, ଚିରା ପାଲ, ଶାମୁକା ଓ ଲହରୀ-ଇଙ୍ଗିତ
ବାଲିର ପ୍ରାଣ-ସଂଗୀତ, ନିଷ୍ଫଳ ପ୍ରତୀକ
ଫେରିବାର ଶେଷ ଦିନ ଉଜ୍ଜୀବନ-ପ୍ରେଷଣା-ରହିତ ॥

(ଦୁଇ)

ବସନ୍ତର ଶିହରିତ କେଇଟି ମୁହୂର୍ତ୍ତ
କନ୍ୟା ଖୋଜୁଛନ୍ତି
ଆମ୍ବକଷି ଓ କୁହୁରେ;
ଫସଲ କଟା ସରିଛି
ନିଦରୁ ଉଠି, ସାବ୍‌ଜା ମାଟିରେ ନିଆଁ ଓ ଧୂଳି ଦେଖି
ବାଲିରେ ଘର ପୋତିବା ଦେଖି
ଆଖିରେ ଲୁହ
ଦାଆ ଆଉ ଟାଙ୍ଗିଆରେ ଲହୁ ॥

ସେମାନଙ୍କ ଶୂନ୍ୟତାରେ ଚନ୍ଦ୍ର ତାରା ସମସ୍ତ ନିଶୂନ୍
ଆଉ ଶୂନ୍‌ଶାନ୍ ମ୍ଳାନ ଛାୟାପଥ,
ଆଲୁଅର ପିଲାମାନେ ଢେଲାରେ ସୂର୍ଯ୍ୟକୁ ଚୂନା କରିଛନ୍ତି
ସଂଚିତ ମହୁଫେଣାକୁ କାଦୁଅରେ ଫିଙ୍ଗି ଦେଇଛନ୍ତି
ତଥାପି ଚନ୍ଦ୍ର କିରଣ ଆଙ୍କୁଛି ତାଙ୍କରି ସିଲ୍‌ହଟ୍ ଛବି
ସେଇ ଗୋଲ ଗୋଲ, ନେଳି ନେଳି ଦୁଷ୍ଟ ଆଖି
ଟିକି ଟିକି ମୁଣ୍ଡ, କୁନି କୁନି ପାଦ, ଖନି ଖନି କଥା
ଜରାୟୁ ଓ ମାଟି, ଦୁଇ ସୀମାର ମଧ୍ୟାନ୍ତର ସରାଇ ॥

ପିଲାଙ୍କ ହସର ବୀଜ ଆକାଶରେ
ତାରାର ଅସଂଖ୍ୟ ଚାରା
ଫୁଲର ଅସୁମାରି ବାସ୍ନାରୁ ଦଙ୍ଗା

କଣ୍ଠରେ ଗାନ, ସମୟର ନାଡ଼ି ଉଜାଣି ଦ୍ରୁତ;
ଆକାଶକୁ ହଲାଇଲେ ଫୁଲ ଝଡ଼ିଲା
ନିଆଁ ବରିଆ ଫିଙ୍ଗିଲେ ତାରାଗଛ ମଲା
ଜରାୟୁ ଓ ମାଟିରେ ନଡ଼ାର ମଞ୍ଜି ପୋତା ହେଲା
ଆଉ ଢେଲା ମାରିଲେ ସୂର୍ଯ୍ୟ ବି ହେଲ ଚୂନା ॥

ବସନ୍ତର ବଗିଚା ସାରା ଖୋଜି ଖୋଜି ମାତ୍ର ଦୁଇଟି ଫୁଲକଢ଼ି
(ଫେଣ ଓ ସମୁଦ୍ର ତରଙ୍ଗ ଆସନ୍ତା କି ମରୁଭୂମି ସାରା।)
ଆଲୁଅର ପିଲା ସବୁ ପୋକ କୀଟ ପରି
ଝରି, ଝରି ସରିଗଲେ ତା'ପରେ ?
ତା'ପରେ କ'ଣ ହେବ ?

ତାରାକୁ ବି କଳା ପୋକ କରି ହେବ
ଫୁଲକୁ ବି କରି ହେବ
ବୁଢ଼ୀ ଅସୁରୁଣୀ ମନ୍ତ୍ରେ ନରକର କୃମି
ପୃଥିବୀକୁ ଶ୍ମଶାନ ବି କରିହେବ
ଆଇଁଶି ମନ୍ତର ଆଉ କାଇଁଷି ମନ୍ତର କରି
ତନ୍ତ୍ର ସାଧନାରେ ଅବା କାଉଁରୀ କାଠିରେ ॥

(ତିନି)

ସ୍ୱପ୍ନ ସବୁ ଝୁଲୁଛନ୍ତି ସହରର ଭସ୍ମୀଭୂତ ଶିଶୁ ଉଦ୍ୟାନରେ
ଖ୍ରୀଷ୍ଟଙ୍କର ଅଧାପୋଡ଼ା କ୍ରସର ଛାତିରେ
ଶ୍ରୀକୃଷ୍ଣଙ୍କ ଭଙ୍ଗା ବଇଁଶୀରେ;
ସ୍ୱପ୍ନସବୁ ବୁଡ଼ିଛନ୍ତି ପାଣିତଳେ, ସମୁଦ୍ର ଲହଡ଼ି ତଳେ
ଅସ୍ଥି, ମଜ୍ଜା, ମାଂସ, ରକ୍ତ ଚେତନାର କ୍ଷଣିକ ଜୁଆରେ ॥

ଆଉ ଆଜି-
ପିଞ୍ଜରାର ଫ୍ଲାସ୍କରେ ମମତା ଗରମ ଅଛି
ଯଦିଓ ବାପା ଅଜାଙ୍କ ସ୍ୱପ୍ନ ସବୁ ଭାସିଗଲା
ସମୁଦ୍ରର ଗହୀରା ପେଟକୁ
ପେଟରା, ଟ୍ରଙ୍କ ଓ ପେଡ଼ି ନିଜର ଡଙ୍ଗାରେ ନେଇ
ସମୁଦ୍ର ପେଟରେ ସବୁ ମାଡ଼ିଦେଲା ସମୟ ନାଉରୀ
ସବୁ ବେଦ ଗିଳିଦେଲା ଶଙ୍ଖାସୁର
ଆଜି ନାହିଁ ତ୍ରାଣକର୍ତ୍ତା ହରି ॥

ଆଖିର କୁଟାଗଦାରେ ଅନେକ ଶତାବ୍ଦୀ ନିଆଁ
ଗତିପଥ ଓଦାରୁ ଶୁଖିଲା
ଧମନୀରେ ବଉଦର କଳା ରଙ୍ଗ ସରିଗଲା
ଅନ୍ଧକାରେ ବୁଡିଗଲା ଶେଷସୂର୍ଯ୍ୟ ରକ୍ତମଖା ଦୀପ୍ତି
ଆଖିର ଅର୍ଦ୍ଧ-ଆଲୋକ
ପରାଣର ଅର୍ଦ୍ଧ-ନାରୀଶ୍ୱର

ନିଦ୍ରିତ ପବନେ ଯଦି ଆସେ ଆଜି ଜରାୟୁରେ ମୃତ୍ୟୁର ସଂଗୀତ
ଦୁଇଭୂତ ପଞ୍ଚାଗ୍ନିରେ ହୋଇ ସମ୍ମିଳିତ
(ଆଜି ଯେବେ ହଜିଗଲେ ପଞ୍ଚ-ମହାଭୂତ)
ଭୂତର ଆକାଶଛୁଆଁ ଛାଇର ଗୋଟିଏ କଣେ
ମୃତ ମା' ଆଉ ପିଲା
ମୃତ ପିଲା ଆଉ ମାଆ
ବନ୍ଧନହୀନ ଆକାଶ ଛାୟାପଥ ଘେରି ॥

ଚର୍ମର ପରଦା ହାୟ ଶୂନ୍ୟତାରେ ଅନ୍ତଃସତ୍ତ୍ୱା
ଯାଦୁଘର ବାଘ ହାତୀ ପରି
ପୃଥିବୀ ଏନ୍ତୁଡ଼ି ଶାଳେ ଗୋଡ଼ ପିଟି ରାହା ଧରି
କିଏ ସେ କାନ୍ଦିଲା-ଆଜି ତା'ର ସ୍ମରଣ ବି ନାଇଁ
ଆଜି ଖାଇ ନିର୍ବିକଳ୍ପ ସମାଧିରେ ଚେଁ ଚାଁ ଅତୃପ୍ତିର ପ୍ରେତ
ଆଜି ଖାଲି ଶୂନ୍ୟତାର ଜଙ୍ଗଲରେ ବିକଟ ଭୀତିର ପେଚା
ଭୟଙ୍କର ଚେତନାରେ ମଗ୍ନ ବୋଧିସତ୍ତ୍ୱ ॥

(ଚାରି)

ପାଣିପରି ଆପଣାର ଆକାରବିହୀନ
ମୁଁ ଏକ ଆକୁଳ ସ୍ଥିତି
ପାଣିଚିଆ ଭୀରୁ ଆଙ୍ଗୁଠିରେ ଆଜି ମୃତସଂଧ୍ୟାମୁଖେ
ମାତୃତ୍ୱର ଦରଜାରେ ମୋର କରାଘାତ
କୋଇଲି ଓ କଳାମେଘ ଆହ୍ୱାନ ବା ଆବାହନ ଶୁଣି ନାହିଁ
ମୁଇଁ ଏକ ବୋକା, ମାଟିପରି କାଲ,
ତେଣୁ ଏଇ ପୃଥିବୀକୁ ନ ଜାଣି ବି ମୁଁ କାନ୍ଦିଲି
ପିଲାପରି; ଓଦା କଲି ସ୍ୱପ୍ନର ଇଲାକା
ସ୍ନାୟୁ-କଙ୍କାବଣ ଡେଇଁ, ରକ୍ତ ମାଂସ ବଣଭୋଜି
କଣ୍ଠେ ମୋର ଜ୍ୱଳମାନ ତୃଷା;
ପାଣିର ପ୍ରଣବ ହାୟ ଆକାଶରେ ଶିଖିଗଲା
ନେସି ହୋଇ ବଉଦର ବ୍ଲଟିଂ କାଗଜରେ
ମୋ ମୃତ୍ୟୁରେ ଫୁଲ ସବୁ ମଉଳିଲା
ମହମ୍ମଦ, ଖ୍ରୀଷ୍ଟ ବି କାନ୍ଦିଲେ
ଡାକୁଆ ଖବର ନେଲା ବୈକୁଣ୍ଠକୁ
ମଦିନାକୁ, ପବିତ୍ର ଭୂତକୁ
କ୍ରସରେ କରୁଣ ଲୁହ ବଇଁଶୀରେ କରୁଣ ରାଗିଣୀ
ହେ ମୋର ଅପଦେବତା ମାଟିର କୀଟ ମୁଁ
କେବେ କ'ଣ ଏ ମାଟିକୁ ଆଉ ଫେରିବ ନି ?

ସାବ୍‌ଜା ବୟସ ଗଲା ବହେ ଆପଣା ମନକୁ
ନାଚି ନାଚି ପତର ଫୁଲରେ
କଳା ପଥରରେ ପାଣି, ସମୁଦ୍ରରେ କ୍ଷୁବ୍‌ଧ ଊର୍ମି
ଆପଣାର ମହକରେ ନଚାଇ ନଚାଇ
ପବନକୁ ବାନ୍ଧି ରଖି କତା ଦଉଡ଼ିରେ
ଶ୍ମଶାନକୁ ଅସ୍ୱୀକାର କରି ତ'ର ହସର ଢେଉରେ ॥

ସମୟ ଓଠର ରକ୍ତ (କେତେ ଶତାବ୍ଦୀର !) ତଳେପଡ଼ି
(ହାୟ କେତେ କଅଁଳା ପିଲାର !)
ଧୂଳି ହେଲା ବିକଶିତ ତାରାଫୁଲ
ସେ ଅନ୍ତିମ କାଦୁଅରେ ପ୍ରତିମାର ସବୁଜ ପ୍ରତୀତି
ଘାତକକୁ ଆଉଁସିଲା; ତା ହୃତ ବସନ୍ତେ
ଦେଲା ଉପଲବ୍‌ଧ ଛୋଟ ଗୋଟେ ଆତ୍ମକକ୍ଷି
କଞ୍ଚିତ୍ ଶିହରଣ ଓ ସୂତାଏ କୁହୁ ॥

ଖପୁରିରୁ ଦେହର କୋଠରୀ ସାରା ସ୍ନାୟୁର ବିଦ୍ୟୁତ୍ ତାର
ଜେଲିମାଛ, ଡ଼ିନୋସାର୍, ତିମୁର ଓ ଯୀଶୁର ସ୍ମୃତିରେ
ପ୍ରତି ଅଣୁ ରଟ୍ ରଟ୍ କରେ ॥

ମାଂସର ଉପକୂଳରେ ଗ୍ରୀଷ୍ମ ସଂଧ୍ୟା
ହାଓ୍ୱା ଖାଇବାକୁ ଆସି ତାରାଗଣି କ୍ୱଚିତ୍ ହୃଦୟ
ରାତିକୁ ଫେରିବେ ଘରେ କ୍ଳାନ୍ତ ମନେ
(ତବ କୃପା ହେ କରୁଣାମୟ ! !)

ଜଳପରୀ କବରୀରେ ଶୁଷ୍କ ହାଓ୍ୱା
ଲୁଣି ମାଛ, ପୋଡ଼ା କେତେ ଚେର
ପ୍ରବାଳର ଆସ୍ତରଣ, ହଠାତ୍ ମୋ ଶିଉଳିର ବିଛଣାରେ
ଅଧା-ନିଦ ବେଳ;
ପ୍ରତ୍ୟୟର ଅଧା-ମଲା ଆଖି ଚାହେଁ,

ମୁଟୁ ମୁଟୁ କରି ଦେଖେ ସମୁଦ୍ରର ଯାଦୁକରୀ ଖେଳ
ଅଫୁରନ୍ତ କୌତୁକ ଅତଳ ॥

ହେ ମୋର ସ୍ମୃତିର ସ୍ତମ୍ଭ, ହେ ମୋର ପିଲାଦିନ
ଆଜି ତୁମେ ରୂପ ନିଅ, ମୃତଶିରୀ ହୁଅ ଜାଗରୁକ
ମରୁଭୂମି ଆଖିପତା ତୁମରି ସ୍ମୃତି ଉଝାଳି ପାଉ ଟିକେ ରଂଗ
ହେ ସମୁଦ୍ର ମୃତ-ସ୍ମୃତି, ହେ ଅୟମାରମ୍ଭ!!

(ପାଞ୍ଚ)

ପ୍ରେମର ଏକ ଗୁଂଜନ ପୃଥିବୀର ପୀନସ୍ତନ
ଆଖି ଦେହ ହୃଦୟ ଓ ମନ
ସେ ସବୁର ପ୍ରତିଧ୍ୱନି ଆଜି ବାଜେ ଜୀବକୋଷେ ମୋର
ଅଶ୍ରୁତ, ଅଶବ୍ଦ କେଉଁ ସାନାଇର ସୁର;
ସେଇ କୁଟା ନଡ଼ା ତଳେ ମୁଁ ଜଳୁଛି ବେଶ୍ ନିଆଁ
ହୃଦୟରୁ ହସ ଫିଙ୍ଗିଦେଇ
ଅଗ୍ନିର ଅନେକ କୋଳି ଝାରି ଝାରି ମାଂସ-ବେତସରୁ ॥

ହାତରେ ଲାଗିଲା ଡେରା ଯେଉଁଦିନ
ସଂଗ୍ରାମର ଦୀର୍ଘ ଯଷ୍ଟି ଫିଙ୍ଗି ଦେଇ କେଉଁ କିଆବଣେ
ମାଛିପାଇ, ପୋକପାଇଁ ଦୁଧ ଓ ଲହୁଣି ରଖି
ମୁଁ ଭାଙ୍ଗିଲି ଆପଣାର ବସା
ସମୁଦ୍ରର ଅମାନିଆ ନୀଳ ଆଖିଠାର ଭୁଲି
ମାଙ୍କଡ଼ର ନଖ କ୍ଷତ ମୋ ମାଆର ସ୍ତନ ଦେଶେ ଟାଣି ॥

ସ୍ୱପ୍ନ ସବୁ ବାନ୍ଧି ରଖି ଛିଣ୍ଡା ପୁଡ଼ିଆରେ
ଆଶା ଆଶ୍ୱାସନା ସବୁ ଅଖାରେ ଜବର କରି,
ବାନ୍ଧିଦେଇ, ସମୁଦ୍ରେ ବୁଡାଇ;
ବିଧବା ରାତ୍ରିଟି ଯେତେ ଲୁଲାବାୟା ଗାଉଥିଲା
ତା'କୁ ଟିକେ କାନକୁ ନ ଆଣି
ମୁଁ ଚାଲିଲି ପଛକରି ସମୁଦ୍ରର ନୀଳ ଆଖି

ହତଭାଗା ମୁଁ ଚାଲିଲି ବାଲି ଓ ବାଲିକୁ
କଣ୍ଟାବୁଦା, ଭଗ୍ନପଦ, ଓଟର ଭଙ୍ଗା ପିଞ୍ଜରା
ଦିଗହଜା ମରୁପଥ, ଆଶାହୀନ ଅନନ୍ତ 'କାଲି'କୁ ॥

ଆଜି ହାୟ ମନେପଡ଼େ
ସେଇ ଆଶା ଆଶ୍ୱାସନା ସବୁ;
ଅଖାର ବିଲେଇ ପରି ପରିତ୍ୟକ୍ତ ସ୍ମୃତି ନେଇ କାନ୍ଦେ
ଲୁହ ଝାରେ କେଉଁ ଏକ ଗୁପ୍ତ ନିଳୟରେ
କାନ୍ଦେ ଯେତେ ଅମିଳନ ସ୍ୱରବର୍ଣ୍ଣେ
ନେଇ ଶତ ପକ୍ଷୀର କାକଳି
ସେ କାନ୍ଦର ବ୍ୟଥା ଛୁଏଁ ମୋ ଦେହର
ମୋ ମନର ପ୍ରତିଟି ଦେହଳୀ ॥

ପାଣିର ପାହାଚ ଚଢ଼ି ସମୁଦ୍ର କଇଁଛ ଆଉ ସିକତା-ଶାମୁକା
ସମୟର ଷଡ଼ଯନ୍ତ୍ର ନ ବୁଝି ନ ଶୁଝି ଯଦି ଧାଇଁଗଲେ
ତାଙ୍କ ଖୋଳ ଆଜି ଏ ବାଲିରେ ଝାଇଁ ଖରା ଓ ସ୍ମୃତିରେ ଭାଜିହୁଏ
ଆଜି ମୁଁ ଆଶ୍ଚର୍ଯ୍ୟ ଦେଖି ବନ୍ଧନହୀନ ଶୂନ୍ୟତା
କାନ୍ଦେ ଖାଲି କଇଁ କଇଁ, ଚୂନା ଚୂନା ହାଡ଼ ମାଳ ଧରି
ସମସ୍ତ ସୁନୀଳ-ସ୍ମୃତି ଓଟାରି ବିଦାରି ॥

ଏଠି ଖାଲି ମିନିଟର ଭଙ୍ଗା ଖୋଳପାରେ
ମୃତ ଜରାୟୁର ସ୍ୱପ୍ନ ନଷ୍ଟଭ୍ରଷ୍ଟ
ଅସହାୟା ବୃଦ୍ଧ ନାରୀ ଧୋତଡ଼ା ସ୍ତନର ସମ ଆକାଶେ ବଉଦ
ଜଳହୀନ ଶୁଷ୍କ ମେଘ ବାଧାହୀନ ଗତି
ପର୍ବତ-ସଂଘର୍ଷ ନାହିଁ, ଝର ଝର ଅଶ୍ରୁରାଶି ନାହିଁ
ବଉଦର ଅନ୍ତହୀନ ବାଧାହୀନ ଗତି ଆଉ
ବାଲି ଶେଯେ ଭସା ଭସା ଛାଇ ॥

ମରୁଭୂମେ କଅଁଳା ମୋ ହଂସପାଦ
(ମଗୁଶିର ଗୁରୁବାର ମାଣବସା ଲକ୍ଷ୍ମୀପାଦ)
ହତାଶାର ଦୂରତା ମାପିଛି
ଓଟର ଶୁଖିଲା ହାଡ଼ ଦେଖି ଦେଖି ଅଜସ୍ର ବିସ୍ମୟ,
ଦୀର୍ଘଶ୍ୱାସ, ଲୋତକର ଗୁନିଆ କମ୍ପାସ୍ ଧରି ଅମିନର ମନଟି ଅଥୟ ॥

ଆଜି ଆଉ ମନେ ନାହିଁ କେଉଁଦିନ ଏ ଦେହରେ ଫୁଲ ଫୁଟିଥିଲା
କାନ୍ଦୁରୀ ସମୁଦ୍ର ତାକୁ ମହାଲୋଭେ କୋଳକୁ ହଠାତ୍ ନେଲା
ଚନ୍ଦ୍ରହୀନ ରାତ୍ରିର ପ୍ରହରେ,
ଝମ୍ ଝମ୍ ବର୍ଷାଝରା ଆଷାଢ଼ ଆଶ୍ଳେଷେ
ଆଜି ଖାଲି ମନେହୁଏ ଏଇ ମୋ ଜୀବନ
ଜ୍ୱଳମାନ ଗୋଟିଏ ସୂର୍ଯ୍ୟର ଆୟୁ, ମରୁର କବିତା
ଆଉ ଯେତେ ହୃଦୟ ଓ ମନନର କ୍ରିୟା
ଓଟର ଭଙ୍ଗା-ପିଞ୍ଜରା ବିକୃତ ବିରୂପ, ପଥରର ଭଙ୍ଗାରୁଜା ହିଆ ॥

ବେଳେ ବେଳେ କାନ୍ଦି କାନ୍ଦି ଟିକେ ହସ ମାଡ଼େ
ଶୁଖିଲା ମୋ ମୁହଁଟିର ଉପତ୍ୟକା ଭରି
ଯଦି କେବେ ଝରିଆସେ ଅଶ୍ରୁ-ଧୂଆ ସ୍ମିତର ଆଲୁଅ
ମଉଳଣ ଆକାଶରୁ ଚେନାଏ ସୂର୍ଯ୍ୟ କିରଣ
ମଳିନ ହସ୍ତାକ୍ଷରର ଚନ୍ଦ୍ରବିନ୍ଦୁ ପରି ॥

ଆଜି ଯେବେ ମନେପଡ଼େ
ମନେପଡ଼େ ସେ ପୁରୁଣା ଘାସ ଓ ଆକାଶ
ବନ୍ଧନୀ ଆବୃତ ଏଇ ଜୀବନର ମରୁଭୂମେ
ସୀମାହୀନ ସମୁଦ୍ରର ଢେଉର ଆଭାସ
(ଘଟବୁକେ ନେଳିଆ ଆକାଶ !)

ଆଜି ଯେବେ ମନେପଡ଼େ
ମନେପଡ଼େ ଶବ୍ଦର ଓ ଆଲୁଅର ମୂକ ଭାଷା

ଅଶବ୍ଦ ଅନ୍ଧକାରରେ କ୍ଷୀଣ ଅନୁବାଦ
ଅଙ୍କ ବୁଝା 'କ' 'ବ' 'ଚ' କରି
ତଥାପି ତ... ତଥାପି ତ... ବେଶ୍ ଆସ୍ୱାଦ ॥

ଆଜି ପୁଣି ମନେପଡ଼େ
ହୃଦୟର ଲହଡ଼ିରେ ଉପକୂଳ ମୁଖରିତ
ସୂର୍ଯ୍ୟହୀନ ଅନ୍ଧାରର ଢେଉ

ମାଂସରେ ଜୁଳୁଜୁଳିଆ ଲଣ୍ଠନର କ୍ଷୀଣବତୀ, ସ୍ତନରେ ମହମ
ମନେପଡ଼େ ଆଜି ଯେତେ ମଣିଷର କୃତକର୍ମ ଫଳ
ଯେତେ ହସ, ଯେତେ କାନ୍ଦ, ଯେତେ ଲୁହ, ଲହୁ ॥

ସୂର୍ଯ୍ୟହୀନ ପ୍ରହରର ବିବର୍ଣ୍ଣ ଭୟର ପରେ
ଆଖିର ହ୍ରଦ ପଛରେ ନବ ସୂର୍ଯ୍ୟୋଦୟ,
ଆଲୁଅର କ୍ୱଚିତ୍ ଆଭାସ
ସୂର୍ଯ୍ୟର ରକ୍ତକୁ ବୋଳି ଅଙ୍ଗେ ଅଙ୍ଗେ
ସୀମାହୀନ ବାଲୁଚରେ ଏ ପାଟଳ ସକାଳଟି
ଛିଡ଼ାରହେ ଯଦି ଦିନସାରା
(ସେ କ'ଣ ରାତ୍ରିର କଥା ଭୁଲିପାରେ!)
ହେ ସମୟ! ହେ ସ୍ମୃତି ଅସରା!!

(ଛଅ)

ସମୟ କାନ୍ଦିଲା ଟୋପେ ନିଦ୍ରିତ ଆଖିର
ପତା ମେଲି; ମୋ ଆଖିପତାରେ ତା'ର ଉଷ୍ଣ ଲୁହଟୋପା,
ସ୍ପର୍ଶେ ତା'ର ସ୍ମିତି ମମ ଉଡ଼ିଲାକି ଝଡ଼ବୁକେ
ଛିନ୍ନ ପତ୍ର, ପକ୍ଷୀ ପର ସମ
ବଉଦର ଉପକୂଳେ ଶୋଇ ରହି ମୋ ଅତୀତ ଦେଖିଲା ସପନ!!

ଶବ୍ଦର ସିଡ଼ିରେ ଚଢ଼ି ଖପୁରୀର ଅମୁହାଁ ଦେଉଳେ
ମୁଁ ଯେତେ ଡାକିଲି ସବୁ ନାଁ ଧରି
ପଞ୍ଚେନ୍ଦ୍ରିୟ ସ୍ମୃତି, ଅନୁଭୂତି
ଜବାବ୍ ଦେଲେନି କେହି
ପଚାରି ପଚାରି ଖାଲି ସୂର୍ଯ୍ୟ ବୁଡ଼ି ରାତି ହେଲା
ପୁଣି କେବେ ପାହିଗଲା ରାତି ॥

ମୋ ଦ୍ୱିତୀୟ ମୃତ୍ୟୁ ଆଗୁଁ
ସୂର୍ଯ୍ୟ ଖୋଜା ଚାଲିଛି ମୋ ନିଦ୍ରାର ଝାଳରେ
ପ୍ରଥମ ଜୀବନ ଶେଷେ
ସମୁଦ୍ର ଖୋଜା ଚାଲିଛି ଏ ମରୁର ଆଶାହୀନ ବିବର୍ଣ୍ଣ କାଳରେ ॥

କ୍ୱଚିତ୍ ମରୁଦ୍ୱୀପରେ କ୍ଷୀଣ ଆଶା
ନଙ୍ଗଳା ପାହାଡ଼ ଆଉ ଅଥୟ ପବନ
ଚୂନା ଚୂନା ସରୁ ସରୁ ବାଲି ଯେତେ ଯୋଜନ ଯୋଜନ;
ଯଦି ଆଜି ଏ ଦେହର, ମନ, ହୃଦୟର

କଳକବ୍ଜା ବେଦନାରେ କେଁ କେଁ ରଟ୍ ରଟ୍ ଖାଲି
ଅପମୃତ୍ୟୁ, ଭୟ ଆଉ ବିକଟାଳ ଦୁଃସ୍ୱପ୍ନର ସୀମାରେଖା
କେତେଦୂର ?
କେତେଦୂର ଏଇ ପଥ, ଗଳି ?

(ସାତ)

ଅଜାତ ଛାଇର ସ୍ୱପ୍ନ
ମୋ ନିଦ୍ରିତ ପ୍ରହରରେ
ଝପ୍‌ଝପ୍ ଚାଲିଗଲା ଡେଇଁ
ବର୍ଷାରାତି ଅନ୍ଧାରରେ କଳାଗାଈ ପରି ॥

ଅଗ୍ନି-ଚକ ଘୂରି ବୁଲେ
ପୋଡ଼ି ଜାଳି ବସନ୍ତ-ସହର
ଦାଆ, ଟାଙ୍ଗିଆରେ ମାଂସ
ନିହାଣ ଓ ବଟାଳିରେ ରକ୍ତର ଛିଟିକା
ତାରାର ରାଜୁତି ପରେ ଆକାଶରେ ଗହନ ଅନ୍ଧାର ॥

ଏ ଅନ୍ଧାର ପୃଥିବୀର-ମଣିଷର- ॥

ଏ ଅନ୍ଧାର ଥିଲା ଦିନେ ନିଦେ ଶୋଇ
ସାଗରର ପ୍ରଶାନ୍ତ ଛାତିରେ
ଶୂନ୍ୟତାର ଚାଦର ଘୋଡ଼େଇ
ମନ୍ୱନ୍ତର, ମନ୍ୱନ୍ତର ନିଃସଙ୍ଗ ସାଗର ବୁକେ
ଭାସମାନ ବଟପତ୍ର ପ୍ରଥମ-ପୁରୁଷ
ଅୟୁତ ଅର୍ବୁଦ ବର୍ଷ ଘନୀଭୂତ ଅନ୍ଧାରର ନିବିଡ଼ ଆଶ୍ଳେଷ ॥

ତା'ପରେ ଖେଳଣା ଲୋଡ଼ା, ଲୋଡ଼ା ଟିକେ ସୀମିତ ନିଳୟ
ପିଣ୍ଡର ମହାପ୍ରକାଶ ସତ୍ତା ଲୋଡ଼ି ଜ୍ୟୋତିର ବଳୟ
ଖେଳସାଥୀ, ଖେଳସାଥୀ
ଏମୋଇବା, ଡିନୋସାର୍
ଅନେକ ହସ ଓ ଖେଳ, ସମୁଦ୍ରର ଅତନ୍ଦ୍ର ନୀଳିମ
ଆଶା ଆଉ ବେଦନାର ପରିଧି ଅସୀମ ॥

ଆଜି ହାୟ ସମୁଦ୍ରର ସତ୍ତା ନାହିଁ
ଚଉଦିଗେ ବାଲି ଆଉ ବାଲି
ଘନ କୁହୁଡ଼ି ଅନ୍ଧାର, କଣ୍ଟା ବୁଦା
ସମସ୍ତ ଯାତ୍ରାର ଶେଷ ଆପଣା ସ୍ଥିତିରେ
ସବୁ ଗତିପଥ ମିଶେ କେନ୍ଦ୍ର ବିନ୍ଦୁ ନିଜ ଶୂନ୍ୟତାରେ ॥

ଅନ୍ଧ ଯଦି ଚିହ୍ନି ବସେ ଏ ପୃଥିବୀ ସବୁଠାରୁ ଭଲ
ନିଜର ସେ ଆବିଷ୍କାର କାହାକୁ କହିଲା ?
ସର୍କସ ଜୋକର ଆହା ଗିଟାର୍‌ର ସୁରେ
ଲୁହ ଆଉ ଦୀର୍ଘଶ୍ୱାସ ସତେ ଅବା ଅଟକାଇ ଦେଲା ॥

ବାହାରେ ବାଲି ବିସ୍ତାର
ଭିତରେ ବି ବାଲି ବିଜନତା
ସାମାନ୍ୟ ଆଶ୍ଚର୍ଯ୍ୟ ନେଇ, ମରୁଦ୍ୱୀପ କଣ୍ଢେଇରେ ନେଇ
କେହି କେବେ ଭୁଲିପାରେ ମରୁଭୂମି ନିଃସଙ୍ଗ ଶୂନ୍ୟତା ?

ସ୍ଥିତିର ସମସ୍ତ ଗୁହା ଧ୍ୱନିର ହୋଇଲା ଯେବେ
ପ୍ରଳୟ ପ୍ରୟୋଧି ଜଳେ ଦୀର୍ଘ ରାତ୍ରି-ସୁରେ
ଅନେକ ପ୍ରଶ୍ନର ଜାଲ ଗୁରେଇ ତୁରେଇ ହେଲା
କଣ୍ଠରୁଦ୍ଧ ପ୍ରାର୍ଥନାର ସୁରେ
ତାରାର ଆଖିମିଟିକା (ମୃତ୍ୟୁ ଆଗୁଁ
ଧୂଳି ହୋଇ ଆକାଶର ପଡ଼ିଆରେ ଖତ ହେବା ଆଗୁଁ)

କାହିଁକି, କାହିଁକି ପ୍ରଶ୍ନ
ପାଠ ପଢ଼ିବିନି କିନ୍ତୁ ନୀହାରିକା ଧରିବି ମୁଁ
ଜିଦ୍‌ଧରି ଯେଉଁ ପିଲା ଦିନେ କାନ୍ଦିଥିଲା
ମାଡ଼ଖାଇ ରାଗିମାଗି ପଣିକିଆ ଡାକିଥିଲା
ସିଲଟ'ରେ ଖଡ଼ି ଘଷି ଲେଖିଥିଲା
ବ୍ରହ୍ମା, ବିଷ୍ଣୁ, ମହେଶ୍ୱର ସକେଇ ସକେଇ
ସମସ୍ତ ମରୁଭୂମିରେ, ବାହାରେ ଭିତରେ
ଖୋଜି ଖୋଜି ସେ ଘଟକୁ ମୁଁ ତ ପାଇନାହିଁ!!

(ଆଠ)

ସିଏ ମୋର ଉଦ୍ୟାନର ଗୋଟିଏ ଅଧ୍ୟାୟ
କୁସୁମିତ କୋଳାହଳେ ଆସିଥିଲା
ବାହୁଡ଼ିଲା ଚୈତ୍ରର ଝଡ଼ରେ ।।

ଆଉ ମୁଁ ରହିଲି ଏଠି
(ମାନେ ମୋର 'ଆମେ' ସବୁ ରହିଗଲୁ ଏଠି)
ମୃତ୍ୟୁର ରଙ୍ଗମଞ୍ଚରେ ପିତଳର ବାଗ୍ମୀ
କଥାର ନହସ ଆମ ଥମିଗଲା ପରେ
ମିଛଟାରେ ପିଟି ହୋଇ ଆକାଶ ଓ ବାଲୁକାର ବନ୍ଧ୍ୟା ବିସ୍ତାରରେ
ମାଟି ଆଉ ଖଣିଜର ଗୁପ୍ତଘର ଚାବିକାଠି
ଖପୁରୀର କୋଠରୀରେ ଥୋଇ
ମୋ ପ୍ରତିମା-ପ୍ରତିଶ୍ରୁତି, ସ୍ୱପ୍ନ ସବୁ ବିଞ୍ଚିଦେଲି
ମେଘ, ଘାସ ଫୁଲ ପାଖୁଡ଼ାରେ
ସେ ହଜିଲା ସ୍ୱର-ମୁହିଁ, ସେ ପ୍ରତିମା ସ୍ୱପ୍ନରାଜି
ଆଜି ଆସେ ସମୟର ସିଡ଼ି ଚଢ଼ି
ଏବଂ ଖାଲି ଘୂରିବୁଲେ ବୈକୁଣ୍ଠର
ମ୍ଳାନ ପାହାଡ଼ରେ ।।

ସୂର୍ଯ୍ୟଦୀପ ଭାଙ୍ଗିଦେଲି, ପବନକୁ ଫୋପାଡ଼ିଲି ତଳେ
ଗ୍ରୀଷ୍ମର ସୂର୍ଯ୍ୟରେ ରକ୍ତ, ପବନର ହିଲ୍ଲୋଳ ସପନ
ଏ କଥା ମୁଁ ଭୁଲିଗଲି
ରକ୍ତ ଆଉ ସପନର ସମାରୋହ ବାଦ୍ ଦେଲେ

ଅଙ୍ଗାର ଓ ମୃତ ଆଶା ରହିବନି ଖାଲି ?
ତା' ଅବଶ୍ୟ ରହିଅଛି-
ଆଉ ଅଛି ଝିଁକାରୀର ଝିଁ ଝିଁ
ରାତ୍ରିର ସାମାନ୍ୟ ନିଆଁ ଦେହୀ ଓ ବିଦେହୀ
ଦେବତାର କାମିଜ୍‌ର ଇନ୍ଦ୍ରଧନୁ ରଙ୍ଗ ଶେଷେ
(କୁତୋଽୟ ମଗ୍ନିଃ !)
ମରୁର ମୁଣ୍ଡ ଉପରେ ବଜ୍ରର ଆଘାତ ହାଣି
ଆକାଶର ଦୁର୍ଗ ବୁକେ ବଉଦ ମହଲେ
ମନ୍ତ୍ରଣାର ଗୋପନତା, ଫୁସ୍ ଫାସ୍ କଥା ॥

ନଙ୍ଗଳା ପାଗଟି ଗଲା ଶିଶିପରି ଓଦାଳିଆ ଦେହେ
ସୂର୍ଯ୍ୟର ଚିତାଗ୍ନି ଶେଷେ ରୁଇ ଶୀତଳାଇ
(ପକ୍ଷୀ ଆଉ ଶାମୁକାର ଦରୋଟିରେ
କ୍ରମଶଃ ଘନାୟମାନ ରାତ୍ରିର ପ୍ରଶାନ୍ତ
ଆଜି ଏଠି ଆଉ ମନେ ନାହିଁ) ॥

ତିମିନୀଳ ଆଖି-ଝର୍କା ଅଧା ବନ୍ଦକରି
ଫିଙ୍ଗିଦେଇ ପବନର ଏଣେ ତେଣେ ମୁକୁଳା କବରୀ
ସମୁଦ୍ର ଦେଖିଲା ମୋତେ ସେ ସଂଧ୍ୟାରେ
ମୋ ନାଭିରେ ବେଗବାନ୍ ତାରା ଧୂମକେତି
ବହ୍ନିମାନ ଅଶ୍ରୁରେଖା, ସ୍ମୃତିଲିପି, ରୋମାଞ୍ଚ ଅହେତୁ ॥

ସୂର୍ଯ୍ୟ ନୌକା ବୁଡିଗଲା, ଦିଗନ୍ତର ନାଲିରଙ୍ଗ ଭାସିଭାସି ଗଲା
ମାସ୍ତୁଲ ଓ ପତାକା ଓ ହାଣ୍ଡି, ଗରା, ସଙ୍ଗୀତ ଆହୁଲା ।

ସେ ପୃଥିବୀ ଆଜି ଯଦି ଜିଇଥାନ୍ତା
ଫସଲର ସ୍ୱପ୍ନ ନେଇ ଓଠ ଓ ମୁହଁରେ
ତରଙ୍ଗର ଝରକାରେ ମହମବତୀ ଆଲୁଏ
ସେ ଅପେକ୍ଷା କରିଥାନ୍ତା ବିପଣୀ ମେଲାଇ
ଚଇତ୍ରର ପବନରେ ଜାନୁ ଓ ଜଘନ ସ୍ତନ

ଭୁରୁଲତା ସବୁ ଦୋହଲାଇ,
ମରୁର ବାଲି ଶେଯରେ ଛିନ୍‌ଛତ୍ର ସେଇ ଘଟ ପାଇଁ ॥

ଆଜି କିନ୍ତୁ ପାଣିତକ କବରରେ ସନ୍ନ୍ୟାସୀର ଯେତେ ଦୀପ୍ତମନ
ଅତୃପ୍ତ ଓ ଅଭିଷିତ ମାଂସ
ପାଣିତକ କବାଟରେ ବିରାଟ ଶୂନ୍ୟତା ତାଲା
ଶାମୁକାରେ ଘାସଫୁଲ ବାଲି ଓ ପୀୟୁଷ ॥

ସମସ୍ତ ଲୁଗା ଫୋପାଡ଼ି ନଙ୍ଗଳା ତନୁ ଲତାରେ
ପବନର ବିପର୍ଯ୍ୟସ୍ତ ରତି
ଅଗ୍ନିଶିଖା, ଜୁଆରର ଅହମିକା ମରିଗଲେ
ରାତ୍ରିର ତାରା ଆଖିରେ ବରାଦି ପୀରତି
ଦେହ ଓ ମନର ଯେତେ ଧ୍ୱଂସ ସ୍ତୂପ
ତେଣୁ ଦିଏ ବିଦାୟ ବିଦାୟ
ସମୁଦ୍ର, ଅନ୍ଧାର ନାଇଁ,
ବାଲି ଓ ଅଂନ୍ଧାର ନାଇଁ
ଅଛି ଖାଲି ଆଜି ଏକ ଶୂନ୍ୟତାର ସଂଗୁପ୍ତ ନିଳୟ ॥

ଆଜି ଅଛି-
ଫସିଲ୍‌ର ମହାଦେଶ, ସହରର ଶେଷ ଅଶ୍ରୁ
ରଙ୍ଗହୀନ ରଙ୍ଗ ଓ ବେପଥୁ
ଗର୍ଭବତୀ ସମୟର ପାଉଁଶିଆ ମୁହଁ
ଜଳନ୍ତା ବାଲିର ସ୍ତୂପ, ସ୍ଥୀରୀଭୂତ କାଗଜର ଭଙ୍ଗା ଭଙ୍ଗା
କାଠ ଆଉ ପାଲ ଓ ମାସ୍ତୁଲ୍
ସମୁଦ୍ରର କବରୀରେ ମେଘର ଶୃଙ୍ଗାର-ସୁର
ନୋଳିଆର ନଉକାର କ୍ଷୀଣ ଆଙ୍ଗୁଠି ଚାଳନ
ରତିକ୍ଳାନ୍ତ ମ୍ଳାନ ଦ୍ୱିପ୍ରହର ॥

ମୁଁ ଶୁଣି ପାରୁଛି ଶବ୍ଦ
କ୍ଷୀଣ ଶବ୍ଦ

(ମୁଁ ଆକାଶ
ଏକଦା ଆକାଶ
ଆକାଶ ନ ହୁଅଇ ଭିନ୍ନ);
ମାଆର ଜରାୟୁ ଡେଇଁ
ଉଙ୍କିମାରି ମୁଁ ଦେଖୁଛି
ହଂସ ପାଦ ଥାପି ଥାପି ମୁଁ ଆସୁଛି
ନିଃଶବ୍ଦ ପୃଥ୍ୱୀକୁ
ଅନ୍ଧାରରେ ଆଣ୍ଠୁମାଡ଼ି ପ୍ରାର୍ଥନାରେ
ମଲାଦିନ ଗଲାରାତି ଆସୁଛି ମନକୁ ॥

'କ୍ଷମାଦିଅ' 'କ୍ଷମାଦିଅ'
ବାଣୀଧାରା
ଝରିଯାଏ ଅଶବ୍ଦ ଶବଦେ
ସମସ୍ତ ବେଦନା ବ୍ୟଥା ବୋଝ ବହି
ମୃତ୍ୟୁର ଶିକାର ଆସେ
ସୂର୍ଯ୍ୟ ଖୋଜି
"ଜବାକୁସୁମ ସଂକାଶଂ-ମହାଦ୍ୟୁତିଂ" ଖୋଜି
ସମୁଦ୍ରର ନୀଳ ନୀଳ ଆଖି ଖୋଜି
ନୂଆ ରୂପେ ନୂତନ ଆହ୍ଲାଦେ;
ବାଲିର ବିସ୍ତାର ଡେଇଁ
ନିଭୃତ ହୃଦ-ନିଳୟେ
କ୍ଷୀଣଦୀପ ପ୍ରଜ୍ଜ୍ୱଳିତ,
ସେଇ ଦୀପ ଗଢ଼ିପାରେ
ଅୟୁତ ମନ୍ୱନ୍ତରର ତାରା ନୀହାରିକା
ଅଜସ୍ର ଜ୍ୟୋତିର ଫୁଲ " ଅନୁଭାତି ସର୍ବଂ"
ତେବେ କ'ଣ ମୁଁ ବୁଝିନି ସମୁଦ୍ରର ଆଶ୍ଳେଷରେ
ଉପଲବ୍ଧ ଚରମ ମୁକତି,
ତେବେ କ'ଣ ମୁଁ ଜାଣିନି
"ତସ୍ୟ ଭାସା ସର୍ବ ମିଦଂ ବିଭାଂତଂ" ?

ରକ୍ତନଦୀ ସଂତରଣ ପରେ

ରକ୍ତନଦୀ ସଂତରଣ ପରେ

ତୁମେ ସାଦା ନୀରବତା
ଖୋଲା ମେଲା ବସ୍ତୁହୀନ ମରୁ
ତମେ ପରମ ସଂହିତା
କ୍ଷେତ୍ରହୀନ କ୍ଷେତ୍ରଜ୍ଞଙ୍କର ଗୁରୁ ॥

ମୋତେ ଚୂନା କରି ଦିଅ
ଭାଙ୍ଗିରୁଜି ମିଶାଅ ଆକାଶେ
ତୁମରି ଶୂନ୍ୟ ସିଂଫନି
ନେଉ ଆଜି ମତେ ଟାଣି
ମହାଶୂନ୍ୟ ପ୍ରାନ୍ତରକୁ ଉନ୍‌ମାଦ ରଭସେ ॥

ମୋର ଲୋଡ଼ା ନାଇଁ ବସ୍ତୁ
ଲୋଡ଼ା ନାଇଁ ସ୍ମୃତି ଆଉ ଆଶା
ମୋତେ ବଞ୍ଚାଅ ଭୋଦେବ
ମୋ ଅଚେତନ ମନରେ ସରିଛି ପିପାସା;
ସ୍ମୃତିର ସମ୍ଭାରୁ ଆଉ ପୃଥିବୀର କ୍ଷୀଣତମ
ବସ୍ତୁ ବା ଧାରଣାଠାରୁ ମୋତେ ଦିଅ ମୁକ୍ତି
ପଛକୁ ଚାହିଁବା ପାଇଁ ମୋତେ ଲାଜ ଭାରି ଡର
ଆଗକୁ ଅନାଇବାକୁ ମନେ ଆସେ ଭୀତି ॥

ମୋତେ ଦିଅ ବିସ୍ମରଣୀ ମହାବାହୁ
ଭୁଲେ ମୁହିଁ ସବୁକଥା ସବୁ-ସ୍ମୃତି
ଜନ୍ମ ଜନ୍ମାନ୍ତର ଧରି ମୋ' ସବୁ କରଣୀ
ଚାଟଶାଳୀ ପିଲାପରି ସିଲଟରେ ପାଣି ଘଷି
ଲିଭାଇ ଦିଅ ହେ ନାଥ
ଯେତେ ବଙ୍କା ତେଢ଼ା ପାଠ
ଯେତେ ତୁମ ବାଣୀ;
ଦରଛିଣ୍ଡା କାଗଜରେ ଅଙ୍କିତ ମୋ
ଜୀବନର ଛିନ୍ନ ମାନଚିତ୍ର
ଆଜି ସବୁ ଅର୍ଥହୀନ ରଙ୍ଗହୀନ
ଥିଲେ କେବେ ଥାଇପାରେ ଶୁଚିମନ୍ତ, ସୁଚାରୁ, ପବିତ୍ର ॥

ଏତିକି ମିନତି ପ୍ରଭୁ
ଭୁଲାଇଦିଅ ହେ ମୋତେ ଆସନ୍ତା ଦିନର ସ୍ୱପ୍ନ
ଭୁଲିଯାଏ ସମସ୍ତ ଅତୀତ
କର ମୋତେ ଦୃଷ୍ଟି ହୀନ, ଶ୍ରୁତିହୀନ,ମୁକ ଓ ନିର୍ବାକ୍
ରବର ଘଷି ଲିଭାଅ ସମସ୍ତ ରେଖା ଓ ଚିତ୍ର
ପଡ଼ିରହୁ ଖାଲି ଗୋଟେ ନେତିର ପ୍ରତୀକ ॥

(ଦୁଇ)

ଊରୁଭଗ୍ନ ଲଗ୍ନ ଆଉ ଆଜି କେତେଦୂର
କେତେଦୂର ରଜନୀର ଅନ୍ତିମ ପ୍ରହର ?

ତାରା ଆଉ ପୃଥିବୀର ଅଗଣିତ କବର ପଛରେ
ଏଇଠି ମୁଁ ଲୁଚିଅଛି
ମୁହଁ କାହିଁ, ମୋର ମୁହଁ କାହିଁ ?
ମୋ ଆପଣା ପ୍ରାର୍ଥନାର ବିକୃତ ପ୍ରତିଧ୍ୱନିରେ
ମୁଇଁ ଭୀତ ତ୍ରସ୍ତ
ମୋର ଆଉ ଘର ନାଇଁ, ମୋ ପାଇଁ ଆଶ୍ରୟ ନାଇଁ
ପକ୍ଷୀର ବି ବସା ନାଇଁ, ସୂର୍ଯ୍ୟ ହେଲା ଅସ୍ତ ॥

ବଉଦର ରଙ୍ଗୀନ ପକ୍ଷରେ ମୁଇଁ ଲଗାଇଛି ନିଆଁ
ପବନର ତଣ୍ଟି ଚିପି ତାକୁ ମୁଇଁ କରିଅଛି ସ୍ଥିର
ପକେଟ୍‌ରେ ଛୋଟ ଅକ୍ଷରରେ ଛାପା
ବାଇବେଲ୍-ନିଉ ଟେଷ୍ଟାମେଣ୍ଟ୍
ମୋ ରକ୍ତରେ ଗୋଳାହେଉ ତୁମ ପାଇଁ ଅର୍ପିତ ସିନ୍ଦୂର
ମୋ ମାଂସ, ରକତେ ହେଉ ତୁମରି ପାଇଁ ହେ ନାଥ
କନିଅର, ଅରକ୍ତ ମନ୍ଦାର
'ତୁମରି ମୁକତି ମୋର ଲୋଡ଼ ନାଇଁ
ତୁମ ଗଢ଼ା ପୃଥିବୀରୁ, ତୁମ ଭୃତ୍ୟ
ନେଉ ଆଜି ଅନ୍ତିମ ବିଦାୟ'
ଏ ଦୀନ ଅନାଥେ କର ଏତିକି କରୁଣା ବାରେ
ହେ କରୁଣାମୟ ॥

(ତିନି)

ଆକାଶ ନିର୍ମେଘ ନୀଳ
ସହରର ରାସ୍ତା, ଗଳି ଘରବାରି ମଣିଷ...ମଣିଷ
ଚାରିଦିଗେ ହସ, ଖୁସି ଜୀବନର ପ୍ରାତ୍ୟହିକ ରାସ
'ଗିସାଗାର୍ଲ' ହସି ହସି ପୋଷାକ ଉତ୍ତାରି ନିଏ
ସରମରେ ଲାଲ ମୁହଁ ଅଜଣା ବିଦେଶୀ
କିମୋନୋରେ ଅଭିରୋହ, ଚା ପର୍ବ; ହିରୋସୀମା କଥା କହେ ହସି
ସ୍କୁଲରେ ପଢ଼ନ୍ତି ପିଲା, ଟେଲିଫୋନ୍ ବାର୍ତ୍ତା ନିଏ
ଦୂରେ ବହି ପ୍ରାଣରୁ ପ୍ରାଣକୁ
ମାଆ ଥନୁ କ୍ଷୀର ଖାଏ ଶିଶୁପିଲା
ନର୍ସ ରୋଗୀ ସେବା କରେ
ପାର୍କ କରେ ଧରାଦିଏ ଇଚିଗାରୁ ତା'ର ପ୍ରେମିକକୁ ।

ଅନେକ ସୁଖର ସ୍ୱପ୍ନ, ଅନେକ ବେଦନା
କଥା କହେ ହିରୋସୀମା
କେତେ ତଳେ ଛଅାଣ ଆକାଶ ତଳେ
ଚୁପ୍ ଚୁପ୍ କଥା କହେ ସେଇ ହିରୋସୀମା ॥

ତା'ପରେ ହଠାତ୍ ବନ୍ଦ ଘଣ୍ଟା କଣ୍ଟା
ସମୟର ଶେଷ
ତା'ପରେ ପୃଥିବୀ ହଜେ, ସ୍ୱର୍ଗ ନର୍କ ପାତାଳ ବି ହଜେ
ସ୍ମୃତିର ଅବଚେତନେ ରଖି ଦେଇ
ହଳାହଳ ବିଷ ॥

(ଚାରି)

ତ୍ରୟୋଦଶ ଘଡ଼ି ରାତି, ସାମନାରେ ସକଳ ଯୋଗିନୀ
ଅର୍ବୁଦ ଅର୍ବୁଦ ଯେତେ
ଅନନ୍ତା, ବିଜୟା, ଜୟା, ତାରିଣୀ, ତ୍ରିପୁରା
ଦକ୍ଷିଣୀ, ରକ୍ଷିଣୀ ଯେତେ ଘୋରା ଉଗ୍ରତାରା,
ଚର୍ଚ୍ଚିକା କରାଳୀ ମୂର୍ତ୍ତି, ଡାକିନୀ ଶଂଖିନୀ
ଘୋରାରକୀ, ବେତାୀ ଯେ ଚଣ୍ଡୀ କଙ୍କାଳିନୀ ॥

ମର୍ଦ୍ଦଳ, ଘୁମୁରା ଯେତେ ବିଜିଘୋଷ, ଭୀଷଣ ଦାଉଣ୍ଡୀ
ଆଡ଼ଭଙ୍ଗୀରେ ଖେମଟା ନାଚି ନାଟ ଖଣ୍ଡି ॥

ଧାଡ଼ି ବାନ୍ଧି ସେମାନେ ଯାଇଅଛନ୍ତି ପଶ୍ଚିମ ଦକ୍ଷିଣ
ଚଉରାଶି ନର୍କକୁଣ୍ଡ ଅଛି ସେ ଦିଗେଣ
ପ୍ରଳୟ କାଳର ଅଗ୍ନି, ଉତ୍ତପ୍ତ କର୍ଦ୍ଦମ
ଯେତେ ତାତିଲା ଅଙ୍ଗାର
ତପ୍ତ ବାଲି ରହ ରହ ଅଗ୍ନିଶିଖା, ଫୁଟି ଜଳେ ନାଲିଆ ପଥର
ତପ୍ତ ବୈତରଣୀ ଶେଷ
ରକ୍ତ ମାଂସ ପୂଜ ଫୁଟେ ସତେ ଯେହ୍ନେ ଫୁଲ
ତାଳୁ ଶୁଖେ ତୃଷାଭାରେ, ଦେହ ମନ କ୍ଷୁଧାରେ ଆକୁଳ ॥

ସୂର୍ଯ୍ୟ ହାୟ ବୁଡ଼ିଗଲେ
କାଦମ୍ବିନୀ ନଭସ୍ତଳେ ଘୋଟି

ଭୀମ ପ୍ରଭଞ୍ଜନ ସହ ଝରିଆସେ ଅବିରଳ ଧାର
ହତ ଗଜ ବାଜି ଯେତେ
ଭଗ୍ନ ରଥ, ଛିନ୍ନ ସେନହା, ଛିନ୍ନ ଅସ୍ତ୍ର ଢ଼ାଲ ॥

ସେ ସବୁ ସରିଛି ଆଜି
ମାଏ ପୋଏ କଲ ମୋତେ ଅନେକ ଦଇନି
ଅତନ୍ଦ୍ରିତ ଆଖିପତା ଆଜି ଖାଲି ନିଦ୍ରା ମାଗେ
ନାମହୀନ ଛାଇର ଏ ଭିଡ଼େ
ଯାଦୁଘର ଅମୂର୍ତ୍ତ ଆଶା ଆକାଂକ୍ଷା ଅପୁଷ୍ପକ ବୀଜ
ନିଷ୍ଫଳ ଓ ନିରୁତ୍ସବ ନିମେଷର ନିର୍ବାକ୍ ପହିଜ ॥

ମୋଟି ବେଶ୍ୟା ରବର ବା ଚମଡ଼ାର ସ୍ତନ ନେଇ
ଭାରି ପେଟ, ଉକୁଣି ମୁଣ୍ଡରେ ମୁଣ୍ଡେ
ମୋର କାନ୍ଧେ ଭରାଦେଇ ପ୍ରେମ କଥା ଗପେ
ଦୀର୍ଘ ରାତି କେବେ ପାହେ, ମୃତ୍ୟୁ ଆସେ ମୁକ୍ତି ଦିଏ
ସକଳ ପ୍ରାଣ-ବେଦନା, ସକଳ ସନ୍ତାପେ ॥

ଉରୁ ଭଗ୍ନ ଲଗ୍ନ ଆଜି କେତେ ଦୂର
ପ୍ରଭୁ କେତେ ଦୂର
ବ୍ୟାସ-ସରୋବରେ ରାତି
ଆହ୍ୱାନ ନ ଆସେ କିଆଁ ଭୀମରଡ଼ି, ମହାକାଳ ରଡ଼ି
କେତେଦୂର ରଜନୀର ଅନ୍ତିମ ପ୍ରହର ?

(ପାଞ୍ଚ)

ନିହାତି ମନ୍ଦ ନୁହେଁ ତ
ଆପଣାର ପୁତ୍ର-ଶବ ନଉକାରେ ନଦୀ ପାର ହେବା ॥

ସେମାନେ ଦେଖିପାରନ୍ତି ଧର୍ମବନ୍ତ ଯୁଧିଷ୍ଠିର
ହିମବନ୍ତ ପରବତ୍ରୁ ତଳେ ଦେଇ ଦୃଷ୍ଟି
(ଯେହେତୁ ସେ ଧରମ ଯୁଜେଷ୍ଠି)
ସେମାନେ ଦେଖିପାରନ୍ତି
ତଳେ ଅଛି ଭଙ୍ଗାରୁଜା ଏକ ଜୀର୍ଣ୍ଣ କପ
ଯେଉଁଥିରେ ପଡ଼ିଛନ୍ତି ଛୟାଣୋଇ ସସ୍ର ମହାନୃପ ॥

ତାଙ୍କ ଭୟଙ୍କର ଦୃଷ୍ଟି ଚଉପାଶେ,
ତେଜରଶ୍ମି କୋଟି ସୂର୍ଯ୍ୟ ଜିଣି
ସେ ତପତି ଘାତେ ଫୁଟେ ଅହରହ ଭବନଦୀ ପାଣି
ଟହଟହ ହାସେ ତାଙ୍କ ଆକାଶ ଉଛୁଳି ପଡ଼େ
ମୁଗୁନି ପଥର ଦେ. ତମ୍ବା ମୁହଁ, ଶ୍ରବଣ ପିତଳ
ସୁବର୍ଣ୍ଣର ଗୁଣା ଏବଂ ଲଲାଟରେ ଦୀର୍ଘ ଚନ୍ଦ୍ରରେଖା
ଲହ ଲହ ଜିହ୍ୱା ଲାଗେ ଗଗନରେ ଶିଖା ॥

ରଙ୍ଗବସ୍ତ୍ର ପରିଧାନ ଗଳେ ଶୋହେ ମୁଣ୍ଡ ହାଡ଼ମାଳା
ବିକଟ ଯେ ରଟମଟ ଦାନ୍ତ ପାଟି ଗଣ୍ଡସ୍ଥଳା ରକତରେ ବୋଳା ॥

ଇଏ ସେଇ ମହାକାଳ, ମହାଲଗ୍ନ
ଯେବଣ କାଳରେ ସୃଷ୍ଟି ହୋଇଲା ପ୍ରଳୟ
ଅନନ୍ତ କୋଟି ବ୍ରହ୍ମାଣ୍ଡ ଘୋଟିଏ। ଜଳଧି
ଚନ୍ଦ୍ର, ସୂର୍ଯ୍ୟ ତାରା ଆଉ ନୀହାରିକା ସର୍ବେ ଗଲେ ନାଶ
ଅନ୍ଧାର ମହାରଜନୀ ଘୋଟିଗଲା ହାଦେ ଦଶଦିଶ ॥

ମୁଁ ଜାଣେ ପାତାଳପୁରୀ ଏ ବସୁଧା ଭାର
କେହି ଭାଗୀଦାର୍ କେବେ ହେବେ ନାହିଁ
ଧ୍ୱଂସର ଏ ଦାୟଭାଗ, ସ୍ୱରଚିତ ପୃଥିବୀ ଏ ମୋର
ବଜ୍ରାହତ ଅଣାକାର ପଦାଙ୍କରେ
ଝଳେ ରୌଦ୍ର, ଥରି ଉଠେ ପୃଥିବୀ ଆକାଶ
(ନିର୍ବାକ, ନିର୍ମମ, ନୀଳ, ନୀରବ ଆକାଶ) ॥

ହେ ଈଶାନ
ମୋତେ ତୁମେ ଫେରାଅ ହେ
ବଡ଼ଭାଇ, ବାପ ଅଜା ଗୋସବାପା
ମୁଁ ଯେମିତି ଭାବିପାରେ ତୁମେ ଖାଲି ମୋରି କ୍ରୀତଦାସ
ମୋରି ଭୋଗ ଖାଇବାକୁ, ମୋରି ଗୀତ ଶୁଣିବାକୁ
ତୁମେ ଖାଲି କାନ ପାତି ବସ;
ତୁମେ ଚାହଁ ମୃତ୍ୟୁ ଆଗୁଁ ନରକର କୃମିର ସମ୍ମାନ
ଅନ୍ଧାରିଆ ଦେଉଳର ଚେମେଣିଆ ଗନ୍ଧ ଆଉ ଅଳନ୍ଧୁରେ
ତମ ନାକ ଫାଟିବା ପୂର୍ବରୁ
ତୁମେ ଖାଲି ଚାହିଁରହ, ଧୂପ ଦୀପ ନଇବେଦ୍ୟ
ଗନ୍ଧ ଆବାହନ ॥

ମୋତେ କର ମହାବାହୁ ଆଜି ସଦା ନୀରବତା
ବସ୍ତୁ ଓ ଘଟଣାହୀନ, ସ୍ମୃତି ଓ ଆଶାବିହୀନ
ଶୂନ୍‌ଶାନ୍ ମରୁପଥ ବାଲି
ମୋତେ କର ତୁମରି ଶୂନ ସଂହିତା
ଯା'ର ନାହିଁ ଗଲାଦିନ ଓ ଆସନ୍ତା କାଲି ॥

କୁବୁଜା ପାଇଁ ଗୋଟିଏ ସଂଗୀତ

କୁବ୍ଜାପାଇଁ ଗୋଟିଏ ସଂଗୀତ

ଅନେକ ବର୍ଷ ଚାହିଁଛି ମଥୁରାର ରାଜଦାଣ୍ଡେ
ନିର୍ମମ ନିର୍ମେଘ ଏଇ ନୀରବ ଶୂନ୍ୟ ଆକାଶେ
କାଚ ଆଖି ଡୋଳା ନେଇ
ହାଡ଼ଭଙ୍ଗା ଜାଡ଼ର ଦାଉରେ
ଧୂସର ହେମନ୍ତ ଆଉ
ଚଇତ୍ରର ଝରାପତ୍ର କରୁଣ ରାଗିଣୀ
ଆକାଶର ପାଣିଚିଆ
ଶୁଖିଲା, କାଉଁଦା ମୁହଁ
ଧୂଳିର ସମୁଦ୍ର ତଳୁ ବସନ୍ତର ବକୁଳର ଗନ୍ଧେ
ରାଜଗ୍ରସ୍ତ ସୀମିତ ଏ ମନର ଝରକା ଫାଙ୍କେ
ଅସରନ୍ତି ସମୟର ଆବର୍ତ୍ତନେ
ଗଣି ଗଣି ବର୍ଷ, ମାସ, ଦିନ, ଦଣ୍ଡ, ପଳ
ନିଦାଘର ରୌଦ୍ର ଡେଇଁ ଗୁରୁଗମ୍ଭୀର ନିନାଦେ
ମନର ଦିଗନ୍ତେ କେବେ ଉଦେ ହେବ ଚଉଦ ସଜଳ ॥

ଅନେକ ଧନ ଦରବ,
କଂସରାଜା ଚନ୍ଦନେ ସନ୍ତୋଷ ହୋଇ,
ଉପଭୋଗ କରିବାକୁ ଦାନ ଦେଲା ତିନିଗୋଟି ଦେଶ;
ବେନି କାଖେ ପେଡ଼ି ଧରି ମଥୁରାର ରାଜପଥେ ଯାଏ ଚଳି
ସୁଗନ୍ଧ ଗନ୍ଧ ଚନ୍ଦନ ନିତି ନେଇ ଭେଟେ ମୁଁ ଯେ କଂସର ଛାମୁରେ
ପ୍ରଜା ପାଟକ ମୁଁ, କରେ ରାଜା ଦେହେ ସସ୍ର ଗନ୍ଧ ଲାଗି

ଆଜନମୁ ଅଭିଆଡ଼ୀ, ସ୍ୱାମୀ ନାଇଁ ଶୂନ୍ୟ ମୋର କୋଳ
ଶୂନ୍ୟ ମୋର ହୃଦ-ସରେ ଊର୍ମି ନାଇଁ
ନାଇଁ ନାଇଁ ପବନ-ହିଲ୍ଲୋଳ
(ଏ ଅଶୋଭା ରୂପ ଦେଖି କେହି ମୋତେ ନୋହିଲେକ ବିଭା)
ଅସାର ଜୀବନ ମୋର ମରୁପଥ ପାଦଚିହ୍ନ
କଂସର ମୁଁ ଏକାନ୍ତ ନିଯୋଗୀ ॥

ମୋହପାଇଁ ଗନ୍ଧ ନାଇଁ, ରଙ୍ଗ ନାଇଁ
ବର୍ଣ୍ଣ ନାଇଁ, ସ୍ୱରଶିରୀ ନାଇଁ
ସବୁ ସେହି ରଙ୍ଗହୀନ, ବର୍ଣ୍ଣହୀନ, ଗନ୍ଧହୀନ, ସ୍ୱରହୀନ
ଧୂସର ଓ ନୀରବତା ଛାଇ ॥

ଦିନ ଦିନ, ମାସ ମାସ, ବର୍ଷ ବର୍ଷ, ମନ୍ୱନ୍ତର ମନ୍ୱନ୍ତର ଧରି
ମୁଁ ଖାଲି ସେବିଛି ଦୁଷ୍ଟ ଅସୁରକୁ ଛତିଶା ନିଯୋଗେ
ତେଣୁ ମୋ ଦେହ, ମୋ ମନ ଆତ୍ମାର ନିଦାଘ ଜ୍ୱାଳା
ଧୂ ଧୂ ଆଶାହୀନ ଶୂନ୍ୟ ପ୍ରାନ୍ତରରେ
ଘାସର ଲହରୀ ନାଇଁ, ବଉଦର ଛାଇ ଟିକେ ନାହିଁ
ପୂତି ଗନ୍ଧମୟ ଏକ ମଥୁରାର ନରକରେ
ସମସ୍ତ ଯନ୍ତ୍ରଣା ତାପ କ୍ଲେଶ ଅନୁଭୋଗେ ॥

ଏ ମୋହର ବ୍ୟର୍ଥତାରେ ବ୍ୟାକୁଳି ସାରା ପୃଥ୍ୱୀ
ଆଲୋଡ଼ିତ ସସାଗରା ଧରା
ମଥୁରାରେ ପ୍ରାଣ ନାହିଁ, ଅନେକ ମୃତ ହୃଦୟ
ତିନି ବାଙ୍କ କୁଜା ମନ
ଅଶ୍ଳୀଳ ଦେହ ଓ ପ୍ରାଣ
ଅଭିଶପ୍ତ ନଗ୍ରଲୋକେ
ଚନ୍ଦନରେ ଅଭିଲିପ୍ତ ସତେ ଅବା ମୃତ ଦେହ, ମୃତ ପ୍ରାଣ
ମୃତ୍ୟୁର ଶୀଳତ ସ୍ପର୍ଶେ ସକଳ ବିଭୋର ॥

ଅଣୁରେ, ରକ୍ତକଣାରେ, ସ୍ନାୟୁ ଓ ନାଡ଼ୀରେ
ବ୍ୟର୍ଥତାର ବେଣୁ ଖାଲି କୁହରିଛି ଅନାହର
ମୋର କୋଟି ଜନମର, କୋଟି ଅର୍ବୁଦ ସ୍ୱପ୍ନର
ସକଳ ଆହତ ପ୍ରାଣ, ଭଗ୍ନ ଓ ବିକଳ ରୂପ
ବିଳମ୍ବିତ ବସନ୍ତର ବିଡ଼ମ୍ବିତ ସମାରୋହେ
ବିଷାୟି ଅଭଲେଖ ତନୁ ଓ ମନରେ
ଆଶା ଓ ଆକାଂକ୍ଷା ସ୍ୱପ୍ନ ଧାଡ଼ିମାରି ମରିଛନ୍ତି
ପୁଅ, ନାତି, ଅଣନାତି, ପଣନାତି କୋଟି ଜନମରେ ॥

ହିସାବ ନିକାଶ ଆଜି-
ସବୁ ସେଇ ମୃତମେଘ
ମୃତଧୂଳି, ମୃତବସ୍ତା ଏଇ ଧରଣୀର !
ଥୋକାଏ ଚନ୍ଦନ ତୁଇ, ଭାବଗ୍ରାହୀ
ମାଗିଲୁ ଯା ମତେ !
ଚନ୍ଦନ ପ୍ରାପତ ଯାକୁ ଚନ୍ଦନ ଫେରିଲା ଆଜି
ସେଇ ମୂଳ ପ୍ରଥମକୁ
ଚନ୍ଦନ ଦୁଇଭାଇଙ୍କି ହେ ରଙ୍କୁଣଶ ଅପ୍ରାପତ ସତେ !!

ଆଜି ସତେ ମଳିନ ଏ ପୋଡ଼ାଜଳା
ଅପରାହ୍ଣ ପ୍ରାନ୍ତରରେ
ଶ୍ୟାମଘନ ବଉଦର ପ୍ରାଣଛୁଆଁ ଛାଇ
ହାଟୁଆରି କୁଳେ ଜାତ ଆଜନ୍ମ କୁବୁଜା
ମୋର ମନ ଯାଏ କଦମ୍ବ କୁସୁମ ସମ
ଉଲ୍ଲସିତ, ମୁକୁଳିତ ହୋଇ ॥

ଶ୍ମଶାନର ମଳାହାଡ଼େ ସଂଗୀତର ଶିହରଣ
କାଉଁରୀ ପରଶେ ତୋର ଉଭାଇଲା ଜରା
ଭଙ୍ଗା ସ୍ୱପ୍ନ ଗଢ଼ା ହେଲା
ଚିରା, ଫଟା, ତାଳିପକା ମନ ଆଜି ଦରହ୍ ହେଲା

ବଉଦ ବିଜୁଳି ସ୍ଫୁରେ ବର୍ଷାଝରେ
ନବଜନ୍ମ ସସାଗରା ଧରା ॥

କପାଳେ ତୋ ଚନ୍ଦନର ଠିଆଚିତା ଲେଖିଲି ମୁଁ
ଧୂସର ଆକାଶେ ଛାଟି ଘନନୀଳ ଗଭୀରତା
ହୃଦଦେଶେ ଅପାର ମୁକୁତା,
ହୁଳହୁଳି ନାଦେ ଭରି ମଥୁରାର ରାଜଦାଣ୍ଡ
ଚନ୍ଦନ ଲେପିଲି ତୋର ନାଭିରୁ ଶିରସି
ତିଳେ ପାଦ ଚାପି ମୋର ଚିବୁକ ଦେଲୁ ତୁ ଟେକି
ଉଜ୍ଜୀବିତ ଆଶା, ସ୍ୱପ୍ନ ମାଂସ ଆଉ ପ୍ରାଣର ସରସୀ ॥

ହେ ପରମ ଆଦିମୂଳ
ଆଜି ତେଣୁ ମୁକ୍ତି ମାଗେ
ଅଭିଶପ୍ତ ମଥୁରାର ବନ୍ଦୀ ନଗ୍ରଲୋକ
ତୋ ଚରଣ ରେଣୁ ସ୍ପର୍ଶେ
ଝରିଯାଉ ଜୀବନର ଅସାର ନିର୍ମୋକ
ଶେଷ ହେଉ ଧୂସରର, ମୃତ୍ୟୁ ଆଉ ବିଭଙ୍ଗ କାଳର
ଅନ୍ତ ହେଉ ଅଶ୍ଳୀଳ ଓ କୁତ୍ସିତର ରାଜ-ପୂଜା
ଶୁଖିଲା ଆକାଶେ ଜାଗୁ ମେଘମାଳା, ହାଣ୍ଡିକଳା ଘୁମର ଘୁମର ॥

ଏ କୁଙ୍କୁମ-ଲିପା ସ୍ନାନ, ଝୀନବାସ, କଙ୍କଣ କେୟୁର,
ହୃଦୟେ ଯେତେ ଚନ୍ଦନ
କଣ୍ଠେ ହାର, ତାମ୍ବୁଳରେ ସୁରଙ୍ଗ ଅଧର
ଏ ସୁଗନ୍ଧ ଧୂପଦୀପ, ନଇବେଦ୍ୟ ମୁକୁତା ଓ ପ୍ରବାଳ ଖଞ୍ଜାଣୀ
ଏ ରତ୍ନ-ପାଦୁକା ଆଉ ସୁନାପିଢ଼ା, ଚନ୍ଦ୍ରାତପ
ତୋର ଲାଗି ନିମେଷକୁ ଯୁଗପ୍ରାୟ ମଣି;
ସବୁ ହେ ମୂଳ ପ୍ରଥମ
ହେ ଅନାଦି ଶ୍ୟାମଘନ !
ଆଜି ତୋ'ରି ପାଇଁ

ଦେହ, ମନ, ହୃଦୟ ଓ ଆତ୍ମାର ନିଦାଘ ଶେଷେ
ରୌଦ୍ର-ଜାଳ ନିପୀଡ଼ିତ ସମୟର ପଥଶେଷେ
ସୀମିତ, ଅପୂର୍ଣ୍ଣ, ରୁଗ୍ଣ କୁବ୍ଜ ପ୍ରାଣ ମରୁଶେଷେ
ସ୍ୱପ୍ନ-କ୍ଷମା କୁବୁଜା ଯେ
ଦେହ, ମନ, ହୃଦୟ ମଣ୍ଡାଇ
ବସିଅଛି ପଥ ତୋ'ର ଚାହିଁ ॥

ସୋଲୋନ୍

ସୋଲୋନ୍

ବାସ୍ ସେଇ ନିଛାଟିଆ ଏକେଲା ବଟପତ୍ରଟି
ଚିତ୍ ହେଇ ଭାସୁଥିଲା, ଉବୁଟୁବୁ, ଉବୁଟୁବୁ
ଚିକ୍‌ଚିକ୍ ଖରାଧୁଆ ଅନ୍ତରୀକ୍ଷ, ଗ୍ରହ, ତାରା
ବୃତାକାର ଅଗ୍ନିପିଣ୍ଡେ ଚାହିଁ ॥

କିଏ ଜାଣେ କେତେ କାଳ ? ସେ ନିରୋଳା ଭସାଣର
କାହିଁ ଆଦି ଅନ୍ତ ? ଯେହେତୁ ସେ କାଳ ନୁହେଁ
ତମର, ଆମର। ସେ ଯେ ମହା ସମୁଦ୍ର ସ୍ନାହାନ
ପ୍ରଶାନ୍ତିର ସମୁଦ୍ର ସ୍ନାହାନ।
ଦେବବର୍ଷ, ବ୍ରହ୍ମବର୍ଷ ପରେ ତା'ର ସ୍ଥାନ ॥
ସମୁଦ୍ର ଯେହେତୁ ଜନ୍ମ, ଜୀବନ ଓ ମରଣର ଏକୀଭୂତ ରୂପ
ଏନ୍ତୁଡ଼ିଶାଳ କାନ୍ଦଣା, ଶ୍ମଶାନର ଚିତା ଆଉ
ଜୀବନର ଲୁହ ଦୀର୍ଘଶ୍ୱାସ, ମନ୍ୱନ୍ତର କ୍ଷୟ କ୍ଷତି,
ହାନିଲାଭ, ହସକାନ୍ଦ ସବୁଥିରେ ଗର୍ଭେ ତା'ର ହିସାବ ନିକାଶ ॥

(ଓଡ଼ିଶାର ଉପକୂଳରେ ବଙ୍ଗୋପସାଗର ଭିତରେ ହୁକିଟୋଲା ଛୋଟ ଗୋଟିଏ ଦ୍ୱୀପ ଯେଉଁଠି ଏକଦା ଏକ ସମୃଦ୍ଧ ବନ୍ଦର ଥିଲା। ଜର୍ଜ ସୋଲେନ ସେଇ ଦ୍ୱୀପରେ ଥିବା ସରକାରୀ ଡାକବଙ୍ଗଳାର ନିଛାଟିଆ ତତ୍ତ୍ୱବଧାରକ ଯାହାର ଜୀବନର ବାଉନ ବରଷ ବିତିଗଲାଣି ସେଇ ନିଃସଙ୍ଗ ଦ୍ୱୀପରେ। ତା' ସହିତ ଦୁଇଦିନ ମୋର ଏକ ଅଭୂତପୂର୍ବ ଅନୁଭୂତି ॥

ଚଉଦିଗେ ଚଉପାଶେ ବେଢ଼ି ରହେ ନେଳି ଆଖି ତା'ର
ସେ ଆଖି ଅବଶ୍ୟ ଦିଶେ ନିର୍ବାକ୍ ଓ ମୂକ
କିନ୍ତୁ ତା'ର ଦୃଷ୍ଟି ରେଖା ଭେଦିଯାଏ ଜୀବକୋଷ, ମନ
ନଙ୍ଗଳା ଅବଚେତନ, ଅଚେତନ ଦ୍ୱାର ଖୋଲେ
ପାଖୁଡ଼ା ପାଖୁଡ଼ା କରି ଖୋଜେ ଆମ ଶେଷ ପରିଚୟ
ଯାହା ତା'ର ନୀଳିମାର ନିଛକ ପ୍ରତୀକ ॥

ତେଣୁ ଆମ ଆତ୍ମଗ୍ଳାନି, ପ୍ରାୟଶ୍ଚିତ ଯେତେ ମନସ୍ତାପ
ଯେତେ ଅଭିଶାପ, ଦୈନ୍ୟ କ୍ଳେଦ ଆଉ ଦେହର ଉତ୍ତାପ
ସବୁଥିରେ ତା' ଲୁଣର ପତିଆରା
ସବୁଥିରେ ତା ଆଖିର ନେଳି
ପାପପୂଣ୍ୟ ଭେଦାଭେଦ ବାଛ ଓ ବିଚାର ନାହିଁ
ଯେଣୁ ସିଏ ଆମଠାରୁ ଓ ଆମର ନିତିଦିନ
ମାପଚୁପ୍ କାଣ୍ଟ୍ ଛାଣ୍ଟ୍ ଜୀବନର ଚିତ୍ରପଟୁ ସମ୍ପୂର୍ଣ୍ଣ ନିଆରା ॥

ବେଳେବେଳେ ଏମିତି ବି ଅଘଟଣ ଦେଖାଯାଏ
ଯେ କେତେକ ଲୋକ ଖାଲି ଘୁରୁଥାନ୍ତି
ବାଚାଳ ପରାୟେ, ଶୂନ୍ୟତାରେ ପିଟି ହୋଇ
ଭିତରେ ସେମାନେ କିନ୍ତୁ ଚୁପ୍‌ଚାପ୍ ଭୟଙ୍କର ହେତୁହୀନ ମୂକ,
ଏ ସମୁଦ୍ର ତା' ଭିତରୁ ଜଣେ ॥

ଯେହେତୁ ପ୍ରଶ୍ନ ତାହାର (ଅରଣ୍ୟ ତା' ଅର୍ଥହୀନ ହୋଇପାରେ
ଆଉ ଏଇ ସମୟ-ବନ୍ଧା ପୃଥ୍ୱୀରେ କେଉଁ କଥା ଅର୍ଥହୀନ ନୁହେଁ?)
ଯାହା ସେ ପଚାରିଥିଲା ଯେତେବେଳେ ଆକାଶ ଓ ସୂର୍ଯ୍ୟ
ଚନ୍ଦ୍ର, ତାରା ଜନ୍ମ ହେଲେ ଅନ୍ତରୀକ୍ଷେ
ଏବଂ ଖୋଜୁଛି ଉତ୍ତର ଆଜିଯାଏ ଯାହା ମିଳିନାହିଁ ॥
ଅଖିଆ ଅପିଆ ରହି ନିତିଦିନ ଯମ-ମନ୍ଦିରରେ
ପ୍ରଶ୍ନଟିଏ ପଚାରିବା ଅବଶ୍ୟ ବୋକାମି କଥା
ତା'ଠାରୁ ମୂର୍ଖାମି କିନ୍ତୁ ପାଗଳ ପରି ଖୋଜିବା

ସେ ପ୍ରଶ୍ନର ଯଥାର୍ଥ ଉତ୍ତର;
ସେ ସମୁଦ୍ର ହେଉ ଅବା ଦ୍ୱୀପ ହେଉ ସୋଲେନ୍ ବି ହେଉ
ସେ ହେଉ ତା' ଦୀର୍ଘଶ୍ୱାସ, ଆଖିର ଟିକେ ଆଲୁଅ
ଅବା ହେଉ ନିସ୍ତରଙ୍ଗ ସାଙ୍କୁଚ ଓ ତିମିଶେଯ
ନିରଞ୍ଜନା ନଦୀ ତଟେ ଶୁଖାଇ ଆପଣା ମାଂସ
କଣ୍ଟାର ମୁକୁଟ ନାଇ ଦେହୁ ଯେତେ ଝରିଯାଉ ଲହୁ ॥

ନିର୍ବାକ ଅସ୍ଥିର ନୀଳେ ବେଚାରା ସୋଲେନ୍ ଖୋଜେ
ଆପଣାର ପରିଚୟ। ସମୁଦ୍ରର ସକଳ ଅଥୟ ଖୋଜା
            ବୀଚିକ୍ଷୁବ୍‌ଧ ସ୍ୱରର ନିର୍ଯ୍ୟାସେ
ନିଜ ଶୂନ୍ୟ ନୀରବତା ହାଉଳି ଖାଇବା ଶୁଭେ;
ଦୀର୍ଘଶ୍ୱାସ ମଥାପୋତି ଗଢୁତାଏ ଶବ୍ଦର ସ୍ୱରୂପ
ସମୁଦ୍ରକୁ ଉପହାର ଦେବାପାଇଁ ତା' ବ୍ୟର୍ଥତା ବାର୍ଷିକୀରେ
ଛଳ ଛଳ କଥା ପଦୁଟିଏ
ଉତ୍ତରର ଅପେକ୍ଷାରେ ଯାହା ରହେ ସୀମାହୀନ ଅନ୍ତରୀକ୍ଷେ ଚାହିଁ ॥

ଏବଂ ସେ ଭଲଭାବରେ ଜାଣିଅଛି ସମୁଦ୍ର ବି ସିଏ ଯାହା
ଦୂରରେ ସାମାନ୍ୟ ହସେ, ସ୍ମିତଟିଏ
ସମୁଦ୍ର ବି ସିଏ ସିଏ କାନ୍ଦେ ଖାଲି କଇଁ କଇଁ
କଅଁଳା ପିଲାଟେ ପରି ଉଠିଆଣୀ ନିଶୂତି ରାତିରେ
ଓଦା ପରା, ଓଦା ଶେଯ, ଯିଏ ଉଠେ ନିଦ ଭାଙ୍ଗି
ଏବଂ ଅନ୍ଧାରେ ଦରାଣ୍ଡେ ନିଜ ମାଆ ଅତି ବିକଳରେ ॥

ସମୁଦ୍ର ବି ସିଏ ଯାହା ଆକାଶକୁ ଉଠିଯାଏ ବାମ୍ଫ ହୋଇ
ସୂର୍ଯ୍ୟଙ୍କର କିରଣ-ରଥରେ, ହାଲ୍‌କା ମନ
ନେଇ ସିଏ ସାଇଁ ସାଇଁ ଘୂରି ବୁଲେ
ଦିନରାତି, ବାରବୁଲା ଆକାଶର ଦାଣ୍ଡ ଓ ଘାଟରେ
ସମୁଦ୍ର ବି ଆକାଶେ ଘନାଏଁ କେଉଁ ବିଳମ୍ବିତ ଓ ଅଳସ
ଜ୍ୟେଷ୍ଠ ଅପରାହ୍ଣେ, କଳାଘୁମ୍ ଶ୍ୟାମଘନ ବଉଦ ହୋଇ ଘୁମାଏ

ଶିରି ଶିରି ପବନର ଶୀତଳ ସପନେ
ପୁଣି କେବେ ଫେରି ଆସେ ମାଟିର ଆଶ୍ଳେଷ ଲୋଡ଼ି
ଝର ଝର ଲୁହର ପ୍ଲାବନେ ॥

ସୋଲେନ୍ ସମୁଦ୍ର ଦେଖେ...
ଭଦ୍ର ଓ ନରମ ସ୍ପର୍ଶ ସମୁଦ୍ରର ପାଣି ଗିଲାସରେ
ଯେତେବେଳେ ଧୂ ଧୂ ଦ୍ୱିପ୍ରହରେ ବୁଲି ବୁଲି ଝାଇଁଆ ଖରାରେ
ଏବଂ ଆଖି କ୍ଳାନ୍ତ କରି ସମୁଦ୍ରର ଧୂସର ଓ ଚିକ୍ ଚିକ୍
ରୂପା ଆଇନାରେ, ପକ୍ଷୀ ସେ ବାହୁଡ଼େ ନୀଡ଼େ
ଆଉ ମନେ ପଡ଼େ
ହରିଣ ନ ଦିଏ ଧରା
ଦୌଡ଼ ନି ବଡ଼ ଖରା ॥

ସୋଲେନ୍ ସମୁଦ୍ର ଦେଖେ (କେଉଁ ଜନ୍ମ କଥା ସିଏ ?)
ଚିତ୍ରୋତ୍ପଳା ନଈପାଣି ତା' ଗାଁ ଦାଣ୍ଡେ
ଗହୀରିଆ ଗଣ୍ଡ ପାଣି କାଳିଆ ଭଅଁର
ଯେଉଁଥିରେ ଲମ୍ଫ ଦେଇ ଦେହ ମନ ଶାନ୍ତ ହୁଏ
ଭୁଲିହୁଏ ମନସ୍ତାପ ରଉରବ, କଣ୍ଟାର ମୁକୁଟ ଆଉ
ରକ୍ତନଦୀ ସନ୍ତରଣ ଆସନ୍ନ ଭୀମର ରଡ଼ି, ଜ୍ୟେଷ୍ଠ ମାସ ଡ଼ର ॥

ସୋଲେନ୍ ସମୁଦ୍ର ଦେଖେ...
ଗଛ ଆଉ ପତରରେ ପାଣି କାଚମାଳି
ସମୁଦ୍ରର ସ୍ଥାପତ୍ୟ ଓ କାରୁକାର୍ଯ୍ୟେ, ସମୁଦ୍ରର ଶାନ୍ତ ଆଶୀର୍ବାଦ
ସୋଲେନ୍ ସମୁଦ୍ର ଦେଖେ ଯେତେବେଳେ ସେ ସମୁଦ୍ର
ଚାଳ ଓଳିପାଣି ହେଇ ଟୁପ୍ ଟାପ୍ ପଡ଼େ
କଅଁଳ ଓଦା ସକାଳେ ଏବଂ କେବେ ଡାକିହାକି ତାକୁ ବି ଉଠାଏ
କହେ ଧୀରେ "ପ୍ରିୟବନ୍ଧୁ, ମୁଁ ବି ଏଇଠି ଅଛି ତମ ପାଖେ,
ଭଲ ଅଛ ? ଚିହ୍ନି ପାରୁଛ ତ ?"

ଆଉ କି ଆନନ୍ଦେ ସିଏ ହାତ ତା'ର ଛୁଏଁ
ଯେତେବେଳେ ଖୁସି ହେଇ ଓଳିଆଡ଼େ ବଢ଼ାଏ ସେ ହାତ ॥

ସୋଲେନ୍ ସମୁଦ୍ର ଦେଖେ...
ଦୁମୁକୁଟା ମେଘପରେ ଗାଁ ଚାଟଶାଳୀ ଛୁଟି
ଗାଆଁ ଦାଣ୍ଡେ ଗୋଳିପାଣି ସମୁଦ୍ରର ସୁଅ
ଯିଏ ଖାଲି ଖେଳିବାକୁ ଆଖିଠାରି ଡାକେ
ହସ୍ତାକ୍ଷର ଖାତା ପୃଷ୍ଠା ହଠାତ୍ ପାଲଟେ
ନାନା ଜାତି ପଣ୍ୟଭରା ସୁସଜ୍ଜିତ ନାହା
ଗୋଡ଼ ଖସି ଚଟେଇ, ବହି ବସ୍ତାନି ଓଦା ହେଲେ
ଘରେ କାନମୋଡ଼ା ଖାଇ କାନ ହେଲେ ଝାଇଁ ଝାଇଁ
ସମୁଦ୍ର ସାନ୍ତ୍ୱନା ଦିଏ କହେ 'ଆହା! ଆହା!' ॥

ସମୁଦ୍ର ସାନ୍ତ୍ୱନା ଦିଏ କହେ ଆହା ! ଆହା ! ॥

(ଦୁଇ)

ଜିକିଜିକି ଲଣ୍ଡନରେ ପୃଥିବୀର ମାନଚିତ୍ର ଆମେ ସବୁ ଦେଖୁ ହସି
ଆଖିର ଡୋଳା ବିସ୍ତାରି ସ୍ଥିତି ଏବଂ ପରିଚୟ ଦେଖୁ
ଗୁନିଆ, କଂପାସ, ସ୍କେଲ୍ ଅନେକ ପଥର ଖୁଣ୍ଟି
ଯା'ଠାରୁ ତା'ଠାରୁ ମାପି ନିଜର ଦୂରତ୍ୱ
ଦେଶ, କାଳ, ପାତ୍ର ବୁକେ ବିନ୍ଦୁର ଗୁରୁତ୍ୱ ॥

କି ଲାଭ ସେ ମାପିବାରେ ଯଦି ଆମେ ମନେରଖୁ
ପ୍ରତ୍ୟେକ ବିନ୍ଦୁର ସତ୍ତା ସତତ ଅସ୍ଥିର ଏବଂ ଅନିଶ୍ଚିତ
ଏବଂ କିଛି ସ୍ଥିର ବିନ୍ଦୁ ପୃଥିବୀ ଓ ମଣିଷର ନାଇଁ
ଗୋଟାଏ ସମୟ ଥିଲା ଯେତେବେଳେ ସ୍ଥିର ବିନ୍ଦୁ ଥିଲେ ସିଏ
ମହାପ୍ରଭୁ, ଚଢ଼ବାହା, ଜଗତଗୋସାଇଁ ॥

ସୁତରାଂ ତା'ଠାରୁ ଶ୍ରେୟ ନିଜକୁ ବିଚାରି ନେବା
ସମୁଦ୍ରର ଅବିଚ୍ଛିନ୍ନ ଅଂଶ
ଯେଣୁ ସେ ସମୁଦ୍ର ଅଛି ଚଉପାଶେ
ଏବଂ ସେ ମହାରାଜାର ଆମେ ସବୁ ପ୍ରଜା ଓ ପାଟକ
ରଇତ, ଖାତକ ଯେତେ ଅଧସ୍ତନ କର୍ମଚାରୀ
ଆମ ଲାଗି ଖୋଲା ସଦା ତା'ର ରାଜକୋଷ ॥

ସମୁଦ୍ର ମାପେନି କେବେ ଦୂରତା ବା କରେନାହିଁ ବସ୍ତୁ-ଗୁଣ ଭେଦ
ଯେହେତୁ ନୀଳିମା ଆଉ ଧୂସରତା, ପ୍ରଶାନ୍ତି ଓ ଉଦ୍‌ବେଳନ
ତା'ର ଭିନ୍ନ ରୂପ। ଏବଂ ସବୁଆଡ଼େ ସିଏ ପରିବ୍ୟାପ୍ତ ନିଜ ମହିମାରେ
ଶୁଖିଲା ନଡ଼ିଆ ଆଉ ଫୁଲମାଳ, ଅସଂଖ୍ୟ ଶାମୁକା
ବୁଡ଼ିମଲା ଲୋକ କିମ୍ବା ସାଂକୁଚ ଓ ଯେତେ ତିମିମାଛ
ପ୍ରବାଳ, ଜେଲି ଓ ସାକ, ଛିଣ୍ଡାକନ୍ଥା ଲହଡ଼ି ପାହାଚ
ସବୁ ତା'ର ଆପଣାର ନୀଳ ଉଆସରେ ॥

ନୁଆଣିଆ ଚାଳଘର, ଚଢ଼େଇମରା ବନ୍ଧୁକ
ମହଳଣ କାନ୍ଥେ ଝୁଲେ କୃଷ୍ଣ ଆଉ ଯୀଶୁଖ୍ରୀଷ୍ଟ
ଚଟାଣରେ ଚିରା ଓ ମଇଳା ପୃଷ୍ଠା ବାଇବେଲ୍
ଶିଳ, ହାଣ୍ଡି, ପାଣିଝୋବା; ବନ୍‌ଶୀ ଖଡ଼ା ଓ ମାଛ
ଗଲାଦିନ ଅଧାଖିଆ ମିରିଗ ମାଉଁସ,
ସୋଲେନ୍ ସମୁଦ୍ର ଦେଖେ ଆଉ ବଂଚେ
ଢେଉରେ ଢେଉରେ ଆସେ
ଇସ୍‌ରାଇଲ୍‌ର ସାନ୍ତ୍ୱନା ଓ ମଥୁରାର ଶ୍ୟାମଳ ଆଶ୍ୱାସ ॥

ଏଠି ଗୋଟେ ଭଙ୍ଗାଘର ସମୁଦ୍ରର କିନାରାରେ
ନୁଆଁଣିଆ ଚାଳ ଆଉ ଦଦରା ପଞ୍ଜରା
ଏବଂ ବସେ ବାଣ୍ଡାରେ ମହାକାଳ ହାତେ ଧରି ଛୋଟ ଘଣ୍ଟାଟିଏ
ଯାହା ଚଳେ ସମୁଦ୍ରର ତରଙ୍ଗ ଚାବିରେ ॥

ରାତିରେ କାନ୍ଦନ୍ତି ଛେଳି, କୁକୁଡ଼ା ଛାଡ଼ନ୍ତି ରଡ଼ି ପାହାଡ଼ରୁ
ରାତିର ସମୁଦ୍ର ଆଉ ରାତିର ଆକାଶ ଜଗି
ସାମନାର ବରଗଛ ଭୂତପରି ଖାଲି ରହେ ଠିଆ
ଏବଂ କେଉଁ ଅତୀତର ବନ୍ଦର ଓ ପୋତାଶ୍ରୟ
ଶିଉଳି-କାଂକେଣି-ନେସା ପଥରର ଦାଣ୍ଡେ ଦାଣ୍ଡେ
ଛିଣ୍ଡା ଲୁହା ଜଂଜିର ଓ ଭଙ୍ଗା ତାର, ଇସ୍‌ପାତ ପାତିଆ ॥

(ତିନି)

ଟୁରିଷ୍ଟ୍ ଆସନ୍ତି କେବେ; ସଙ୍ଗେ ଧରି ପିକ୍‌ନିକ୍ ସରଞ୍ଜାମ
କାଟିବାକୁ ଅବସର ବେଳ। ଷ୍ଟୋଭ୍ ଆଉ ସିଝା ମାଂସ ଟିଣମାଛ
ସିଗାରେଟ୍, ଚକୋଲେଟ୍, ସତରଞ୍ଜି, ଯନ୍ତ୍ରବାକ୍ସ ଗୀତ,
ସେମାନେ ବସନ୍ତି ସବୁ ସାଙ୍ଗ ହୋଇ ସମୁଦ୍ରକୁ ମୁହଁକରି
ସଁବାଳୁଆ ପରି ବୁଣି ଆପଣାର ଖୋସା
ବ୍ରିଜ୍ ଖେଳ, ଯୁକ୍ତିତର୍କ, ଭିଏତ୍‌ନାମ ଆଉ ସ୍ଥିତିବାଦ
ଯୋଜନା ଓ ଅର୍ଥନୀତି, ରେଫ୍ରିଜରେଟର୍, ଗାଡ଼ି
ହାଭଲକ୍ ଏଲିସ୍ ଓ ସାଂଖ୍ୟ ଆଉ ପାକିସ୍ଥାନ-ଭାରତର ଯୁଦ୍ଧ ॥

ସେମାନେ ବସନ୍ତି ସବୁ ଅର୍ଦ୍ଧବୁଦା, ଝାଉଁ ଗଛମୂଳେ
ସେମାନେ ଆଖି ପୂରେଇ ସମୁଦ୍ର ଦେଖନ୍ତି
ସେମାନେ ଶୁଣନ୍ତି ଗୀତ ଟ୍ରାନ୍‌ଜିଷ୍ଟର ରେଡ଼ିଓରୁ, ଛେଳିପରି କାନ ଟେକି
କଥା ପଡ଼େ ଏଣୁ ତେଣୁ ସମ୍ପୂର୍ଣ୍ଣ ପାରିବାରିକ, ପୂର୍ଣ୍ଣ ପ୍ରାତ୍ୟହିକ
ସମୁଦ୍ରର କିନାରାରେ ଯେତେ ଘୂରା ଯୋଡ଼ି ଯୋଡ଼ି
ଅଥବା ଚିନ୍ତାରେ ମଗ୍ନ ନୀରବ ଏକକ ॥

ମଧ୍ୟାହ୍ନ ଢୋଳାଏ ବସି, ପୁଣି କେବେ ସଂଧ୍ୟା ଆସେ ଅଲକ୍ଷିତେ
ସେମାନେ ଦେଖନ୍ତି ରାତି, କଳା ମିଶ୍ ମିଶ୍ ରାତି
ଓ ଚେତାବୁଡ଼ା ଅନ୍ଧାରେ ଝଣଝାଣ୍, ରଣ୍ ରାଣ୍ ସମୁଦ୍ରର ଛାଇ
ପାଦରେ ଶାମୁକା ବାଲି ସମସ୍ତ ଫୋପାଡ଼ି ସାରି
ଦିନର ଆନନ୍ଦ ସବୁ କେଣେ ଯାଏ ହଠାତ୍ ଉଭାଇ

ମଳିନ ତାରା ଆଲୁଏ ସେମାନେ ଶୁଣନ୍ତି ବସି
ମହାନ୍ ଆଦି ସଂଗୀତ ଚୁପ୍‌ଚାପ୍ ପରସ୍ପରେ ଚାହିଁ
ବାଚାଳର କଣ୍ଠୁ ଯେବେ ଶବ୍ଦ ସ୍ଫୁରେ ନାଇଁ ॥

ତା'ପର ଦିନ ସକାଳୁ ଖାଲି ବ୍ୟସ୍ତ, ଫେରିଯିବା, ଫେରିଯିବା କଥା
ସମୁଦ୍ର ବେଳର ଯେତେ ହସଖୁସି, ରଙ୍ଗ, ଛଇ, ଧୁମ୍‌ଧାମ୍
ସବୁ ଯାଏ ମୁହୂର୍ତ୍ତକେ ସରି
ଆଖିରେ ଲୁହ ଆସିଲେ ସମୁଦ୍ର ବି ବୁଝେ ନାହିଁ
ଯେହେତୁ ଲୁଣି ଲୁହରେ ଗଢ଼ା ତା'ର ପ୍ରତି ଅଙ୍ଗ
ତା' ଦେହର ପ୍ରତିଟଇ ଦେହଳୀ ॥

ସେମାନେ ଯାଆନ୍ତି ଫେରି ପାଲଟାଣି, ତାଙ୍କ ନଉକାରେ
ସମୁଦ୍ରକୁ ପଛପଟେ ରଖି ।
ସେମାନେ ଯଦି ଜାଣନ୍ତେ, ସେଇ ହତଭାଗାମାନେ
ଯେ ସମୁଦ୍ର ଥରେ ଦେଖିଲା ଉତ୍ତାରୁ
ତା' ବନ୍ଧନୁ ଆଉ ମୁକ୍ତି ନାଇଁ
ସେମାନେ ଯଦି ଜାଣନ୍ତେ ଜନମରୁ ମରଣକୁ ଗତିପଥ
ଖାଲି ସେଇ ସମୁଦ୍ରରୁ ସମୁଦ୍ରକୁ
ତୁମେ ଯାଆ ଏଣେ ତେଣେ ଯେଉଁ ପଥ ବାହି ॥

(ଚାରି)

ବଣର ସରୁ ରାସ୍ତାଟି ତଳକୁ ତଳକୁ ଖସି
ଛୁଏଁ ଯାଇ ସମୁଦ୍ରର ପ୍ରଥମ ପାହାଚ,
ସୋଲେନ୍ ସମୁଦ୍ର ଦେଖେ, ଦେଖେ ଯେତେ ସମୁଦ୍ର ସାରସ
ଭୟଙ୍କର ଓ ସୁନ୍ଦର ତାଙ୍କ ଆଖି ଏବଂ ତାଙ୍କ ସ୍ୱର
ସକାଳର ସୂର୍ଯ୍ୟହୀନ ସମୁଦ୍ରରେ କୁହୁଡ଼ିର ଜାଲ କାଟି
ସେମାନେ ଯାଆନ୍ତି ଉଡ଼ି, ରହସ୍ୟମୟ ତାଙ୍କରି ବକ୍ରଗତି ରେଖା
ସୋଲେନ୍ ଯୋଗାଡ଼ କରେ ନାହା ଆଉ କାତ ଓ ଆହୁଲା
କୁଞ୍ଚିତ ତରଙ୍ଗ ପରେ ଝଙ୍କା ଆଉ ମରଣର ଗାନ ଗାଇ
ସେମାନେ ଯାଆନ୍ତି ଉଡ଼ି ମିଳେ ନାଇଁ ଆଉ ତାଙ୍କ ଦେଖା ॥

ସୋଲେନ୍ ସମୁଦ୍ର ଦେଖେ ଆଉ ଚିହ୍ନେ
ଅଥୟ ପବନ ଆଉ ତରଙ୍ଗର କୋଳାହଳେ ନିଜ ପୂର୍ବସ୍ୱର
(କେଉଁ ଜନମର ?)
ସୋଲେନ୍ ସମୁଦ୍ର ଦେଖେ ଆଉ ବୁଝେ
କି ମୂଲ୍ୟ କି ଲାଭ ସତେ ଏ ସ୍ୱରର, କାନ୍ଦଣାର
ଯଦି ଇଏ ଖାଲି ମିଶେ ଏମିତି ପୂର୍ବସ୍ୱରେ
ଯେଉଁମାନେ ତୋଳିଛନ୍ତି ରବିବାର ଗୀର୍ଜାବୁକେ ବେଦନା ଲହର
ମସ୍‌ଜିଦ୍, ମନ୍ଦିରରେ ଆର୍ତ୍ତନାଦ, ଦିନରାତି, ଯୁଗଯୁଗ
ଯେତେ ନୀରବ ସକାଳ, ରଜନୀର ସ୍ତବଧ, ଶାନ୍ତ
ଶୂନ୍‌ଶାନ୍ ଅନ୍ତରୀକ୍ଷ, ରୌଦ୍ରଦଗ୍ଧ ଯେତେ ଦ୍ୱିପ୍ରହର ॥

ଆଉ ଏ ହୃଦୟ ଆଉ ରକ୍ତର ସ୍ପନ୍ଦନ
ଏମାନେ ଗଣନ୍ତି ବସି ଦିନ, ମାସ ଦଣ୍ଡ
କେତେବେଳେ ପହଂଚିବ ମହାମୃତ୍ୟୁ ମଧୁର ଲଗନ।
ସୋଲେନ୍ ସମୁଦ୍ର ଦେଖେ...
ଦେହଠୁଁ ନିକଟ ସିଏ, ନୀହାରିକା, ଛାୟାପଥୁଁ ଦୂର
ସମୁଦ୍ର ନିଜେ ତା' ରଙ୍ଗ, ତୂଳୀ ଆଉ କାନ୍‌ଭାସ୍ ଚିତ୍ରକର
ନିଜେ ରୂପ ଓ ଅରୂପ, ନିଜ ଘର ନିଜେ କରେ ଜୂର ॥

ଅଜଣା ସମୁଦ୍ର ପକ୍ଷୀ ବାଟ ଚାଲେ ଧୀରେ ଧୀରେ
ସୀମାହୀନ ସମୁଦ୍ର କିନାରେ
ସୂର୍ଯ୍ୟଦେବ ଅସ୍ତଗଲେ (ଅନନ୍ତ କ୍ରିୟାର କର୍ତ୍ତା)
ସମୟ ଚହଟେ ନାଲି
ପୁଣି ହୁଏ କଳା କଟ କଟ
ଛାଇ ଆଉ ପ୍ରତିବିମ୍ବ ନିଭିଯାଏ
ବରୁଣ ଦେବତାଙ୍କର ସାଧାସିଧା ମନ୍ଦିରରେ ଅନେକ ସମ୍ପତ୍ତି ଗଦା
ହାଉଜାଉ ନୀରବତା, ଚୁପ୍‌ଚାପ୍ ଶାନ୍ତି
ଇସ୍‌ରାଇଲ୍, ମଥୁରା ଓ ଲୁମ୍ବିନୀର ସାନ୍ତ୍ୱନାରେ
ସୋଲେନ୍ ଆଖିରେ କେବେ ବନ୍ଦ ହୁଏ ସମୁଦ୍ର କବାଟ ॥

■

BLACK EAGLE BOOKS

www.blackeaglebooks.org
info@blackeaglebooks.org

Black Eagle Books, an independent publisher, was founded as a nonprofit organization in April, 2019. It is our mission to connect and engage the Indian diaspora and the world at large with the best of works of world literature published on a collaborative platform, with special emphasis on foregrounding Contemporary Classics and New Writing.

www.ingramcontent.com/pod-product-compliance
Lightning Source LLC
Chambersburg PA
CBHW030231100526
44583CB00013BA/879
* 9 7 8 1 6 4 5 6 0 3 3 6 8 *